동시대
문화
지형도

코디 최의 대중을 위한 문화 강의 02

동시대 문화 지형도

2010년 11월 12일 초판 발행 O 2015년 4월 3일 3쇄 발행 O **지은이** 코디 최 O **펴낸이** 김옥철 O **편집** 박현주, 김강희 O **디자인** 황보명 **마케팅** 김헌준, 정진희, 강소현, 이지은 O **출력** 스크린출력센터 O **인쇄** 천일문화사 O **펴낸곳** (주)안그라픽스 O **등록번호** 제2-236 (1975.7.7)

편집·디자인 110-521 서울시 종로구 혜화로 35 화수회관 302호 O 전화 02.745.0631 l 팩스 02.745.0633
이메일 agedit@ag.co.kr
마케팅 413-756 경기도 파주시 회동길 125-15 O 전화 031.955.7755 l 팩스 031.955.7744
이메일 agbook@ag.co.kr

컬처그라퍼는 우리 시대의 문화를 기록하고 새롭게 짓는 (주)안그라픽스의 출판 브랜드입니다.

ISBN 978.89.7059.568.9 (03100)

동시대 문화 지형도

코디 최 지음

컬처그라퍼

차례

동시대 문화

0

동시대
문화
지형도를
그리기에
앞서

개울과 강

서구 문화의 '개울'에서 끝없이 헤엄치다 보면 그 '강'의 시작이 어디이고 줄기가 어디에서 왔으며 어디로 흘러가는지를 잊게 된다. 이러한 현상이 우리 사회에서 종종 일어나고 있음을 저자가 처음 느끼게 된 것은 예술 대학 강단에서 강의를 시작하면서부터였다. 입시라는 현실과 싸우며 눈앞의 불을 끄기에 급급했던 청소년들이 대학에 입학한 뒤, 서양 교육 중심의 학습에 전념하고 있지만 그들은 서양 문화에 대한 개론적 이해와 지도를 갖지 못한 듯했다. 또한 학부 과정을 마치고 대학원 과정에 들어온 학생들도 갑자기 어렵고 난해한 서양 번역서들을 접하면서 자신과의 관계성을 찾고자 부단히 노력을 기울이지만, 서양 문화에 대한 개론적 이해가 부족한 상황에서 그 내용들을 자기 것으로 만드는 데 어려움을 겪으며 결론 찾기에만 급급하고 있었다. 그리고 이렇게 얻은 결론은 다분히 자의적이며 일탈적이고 뒤틀린 해석을 유도하는 경우가 많았다.

즉, 역사적 기초와 뿌리를 이해하는 지도도 없이 현시점에 유행하는 서양의 예술과 문화 이론들을 부분적으로 선택하거나 단편적으로 접하면서 자신과의 관계성을 찾고자 억지 노력을 하고 있었다는 것이다. 그리고 이러한 과정 속에 생겨나는 부자연스러운 해석들을 마치 '진정한 예술가의 특권'인 양 포장하기 위해서 학생들은 또 다른 고통을 겪고 있는 듯했다. 심지어 이러한 '억지와 고통'을 예술가로서의 '과정' 또는 '진보'라고 착각하는 경우도 볼 수 있었다. 반면에 이러한 억지와 고통에 반감을 가진 또 다른 부류의 학생들은 학업의 과정을 학위 취득이라는 자격증 수여의 과정으로 여기며 졸업이 가까워질수록 취업을 위한 현실적 정보에 유난히 집중하고 있었는데, 이러한 모습들 역시 큰 강의 줄기를 무시한 채 작은 개울에서 헤엄을 치는 것처럼 느껴졌다.

이처럼 개울의 물줄기에만 집착하는 현상이 일어나는 데에는 몇 가지 이유가 있다. 첫째, 서양 문화에 대한 강박관념이다. 뒤늦게 서양 문화를 수입한 우리는 늘 시간에 쫓기면서 그들의 결과물에 집착하였다. 그 결과 그들의 역사를 되돌아볼 정신적 여유 없이 언제나 그들을 쫓아간다는 자격지심이 작용했던 것 같다. 둘째, 그들과 우리의 시간과 공간의 차이를 이해하고 그들의 연구를 이해할 수 있는 학술지 또는 번역서가 체계적으로 소개되기보다는 순서가 뒤섞여 번역되고 유행하면서 우리의 관념도 뒤섞여 왜곡되게 정착되었을 수 있다. 셋째, 서양과 우리는 본질적으로 역사와 문화가 다르다는 생각을 하기 이전에 정치와 시장 논리에 이끌려 그들을 맹목적으로 추종한 오류도 있었을 것이다.

빨간 사과, 파란 사과

해외 유학이 중시되는 우리의 풍토에서 유학파들에 의해 벌어질 수 있는 오해들이 있다. 이 현상을 설명하기 위해 저자는 강의 중에 종종 '사과나무와 사과의 관계성'을 설명하곤 한다. 하나의 사과나무에는 서로 다른 색깔의 사과가 열릴 수 있다. 태양이 많이 비치는 쪽의 사과는 활발한 광합성 작용에 의해 그렇지 못한 쪽의 사과보다 유난히 빨간색을 띠게 된다. 하지만 이때 빨간 사과만을 본 사람은 '사과는 빨간색'이라는 관념만을 갖기 쉽다.

우리가 유학을 가게 되는 경우를 생각해 보자. 요새는 조기 유학의 열풍으로 유학을 보내는 연령이 무척 낮아졌지만 대부분의 유학생들은 한국의 대학에서 학부나 석사과정을 마치고 다른 문화권의 대학원이나 박사과정으로 유학을 가는 경우가 많다. 그런데 미국 등지의 대학원 이상의 교육기관에서는 초등학교 때부터 오랜 시간 학습되어 온 그들의 역사와 개론은 가르치지 않는다. 전문 분야의 과정만 연구할 뿐이다. 즉 빨간 사과에 대한 연구가 전문 분야인 교수를 만나게 되면 유학 기간 내내 빨간 사과만을 연구하다 돌아오기 쉽다. 따라서 귀국 후 교편을 잡은 유학파 선생의 경우, 사과는 '빨갛다'고만 소개하거나 가르치게 되는 오류가 생기는 것이다. 그러나 같은 사과나무의 다른 가지에는 파란 사과도 있지 않은가.

이해를 도모하기 위해 극단적 예를 들자면, <섹스 앤 더 시티^{Sex and the City}> 같은 드라마를 보고 미국의 연애상은 모두 그와 같다고 생각하는 것이나 잡지를 통해 바라본 서양 여인의 모습을 그리며 서양 여인은 모두 섹시하고 팔등신이라는 오해를 품게 되는 것과 비슷하다고 할 수 있다. 대략 3, 4년의 유학 생활 속에서 그들이 본 서양 문화와 학습의 실체는 이러한 경우와 크게 다르지 않다. 이와 같은 현상은 그들 문화에 대한 거시적 개론의 이해가 없을 경우에 더욱 심각해진다. 또한 유학생들에게는 언어의 한계가 존재한다. 토플(TOEFL) 점수는 언어 외에 문화와 역사라는 벽을 뛰어넘지 못한다.

'사회의 헤게모니적 의식이 집단 행동 양식으로 나타나는 것'이 문화라는 사실을 간주해 보면, 우리는 역사라는 거대한 시간의 강 속에서 그 원인과 이유를 찾아야 함을 잊지 말아야 한다. 그리고 큰 틀로 그들을 들여다보면서 지형도를 그려 내고 우리의 입장에서 분별함으로써 타당한 선택을 하고, 이러한 선택 속에서 자신감을 얻고 세부적인 연구를 해나갈 수 있어야 한다. 이러한 순차를 밟다 보면, 당장은 늦게 달리는 자전거와 같아도 일정 궤도에 오르면 자신감이 생기고 마침내는 길을 찾고 가속이 붙어 진정한 경주를 할 수 있게 되는 것이다.

일찍이 하버드 비즈니스 스쿨이 세계적으로 명성을 날리게 되었던 데에는 비즈니스의 단편적 사례 연구를 통해 효과적 해답을 얻어 내는 독특한 학습과정이 큰 역할을 하였다. 그러나 그들의 단편적 사례 연구가 효과를 낼 수 있었던 배경에는 그들에게 역사와 사회 전반에 관한 기본적 이해가 이미 뒷받침 되어 있었다는 사실을 잊지 말아야 한다. 즉, 빨간 사과의 사례를 연구하기 위해서는 사과나무가 생장하는 일련의 과정, 나무가 뿌리를 내리고 줄기가 생겨나고 가지를 뻗은 후 태양이 비추고 비가 오면서 빨간 사과와 파란 사과가 열매 맺는 과정의 지형도를 갖고 있어야 한다는 것이다. 따라서 이 책은 문화의 단편적이고 진화된 사례를 연구하기 위한 기초 과정으로서, 문화 연구에 관심을 가진 독자들이 자신의 입장과 위치에서 자신의 사과를 찾기 위한 지도 그 이상도 이하도 되지 않기를 바란다.

고백

저자는 60년대 초에 서울에서 태어나 어린 시절 TV에서 주로 미국 드라마들을 보며 자랐다. 당시 대부분의 TV드라마는 미국에서 수입된 것들로,

대강 기억나는 드라마들만 해도 <보난자Bonanza>, <그린 호넷The Green Hornet>, <배트맨Batman>, <타잔Tarzan>, <전투Combat>, <월튼 네 사람들Waltons>, <나폴레옹 솔로Man from Uncle>, <겟스마트Get Smart>, <하와이 5-0Hawaii five-0>, <어벤저The Avengers>, <제5전선Mission: Impossible>, <스타트렉Star Trek>, <와일드 웨스트Wild West>, <도망자Fugitive> 등을 비롯해 <디즈니랜드Disneyland>까지 있었다. 매주 토요일 오후가 되면 축구와 치기 장난 등을 하며 뛰놀던 동네 꼬마들이 모두 집으로 돌아가 TV프로그램 <디즈니랜드>를 보느라고 온 동네가 쥐 죽은 듯 조용해지곤 했는데, 당시 어린이들에게 TV를 통해 본 디즈니랜드는 꿈이며 환상이었다. 동네의 한 아이는 디즈니랜드에 갔다 왔다는 소문이 퍼지면서 마치 하늘나라에 가서 천사를 만나고 온 사람처럼 취급받기도 했다. TV의 모든 미국 프로는 한국말로 더빙되어 방영되었는데, 그러한 사정을 모르던 저자는 어린 시절 초등학교에 들어가기 전까지 미국인들이 당연히 한국말을 한다고 생각했다. 주말마다 하던 <명화극장>에서는 100% 미국 영화를 상영했으며 국산 영화는 삼일절이나 광복절 같은 국경일에만 보여 주곤 했기에, 미국 영화는 곧 명화이고 한국 영화는 졸작이라는 공식이 만들어지기도 했다. 그리고 초등학교 시절 'USA'라고 쓰여 있는 군용 연필 한 자루를 학교에 가져오면 그 아이는 학급 내 부러움의 대상이 되었다. 간혹 부잣집 자녀가 점심시간에 미군용 전투급식 상자인 'C-레이션박스'를 가져오면, 유효기간도 지난 국방색 통조림을 구경하려고 학생들이 모여들기도 했다.

미국 문화는 단지 초등학교 시절의 유아적 선망으로 그치지 않았다. 당시의 저자와 친구들은 청소년기에 접어들면서 인생에서 처음으로 여성의 나체를

C-레이션박스

보게 되는데 그것은 바로 ≪플레이보이Playboy≫와 같은 성인잡지를 통해 이루어졌다. 이런 경험은 많은 청소년들에게 여성미의 기준을 서양 여자의 모습으로 고착시켰고, 이는 여자에 대한 첫 각인으로 인생 전체를 관통하며 우리 사회의 미적 기준을 변화시켰다. 쌍꺼풀과 부담스럽게 오똑한 코, 남성들을 '루저(Loser)'로 만드는 훤칠한 키, 하얀 피부로 상징되는 지금의 미의 기준이 과연 수백 년의 역사를 가진 우리 전통의 미적 기준인지 되짚어 본다면 우리가 얼마나 미국 문화에 우리의 정신계를 의탁해 왔는지 가늠할 수 있을 것이다.

또한 중·고등학교 시절 저자는 대학에 들어가기 위해 영어 과목의 중요성을 강조 받으며 학원과 특수 과외수업에 몰입하였고, 대학 시절에는 진정한 공부를 하려면 원서를 읽으라는 교수들의 조언을 들으며, 미국의 학술은 한국의 학술과는 차원이 다르다는 인식 아래 한국의 대학 교육은 형편없는 것이고 미국 대학의 교육은 가늠할 수 없는 높은 차원의 것이라는 생각을 가지게 되었다. 유학의 기회가 왔을 때 이런 생각이 강하게 작용한 것은 두말할 여지가 없다. 이렇듯 태어나 20대가 되기까지 저자의 정신계를 지배했던 실제적 경험들이 아마도 저자의 무의식 속에 미국에 대한 절대적 부러움과 환상을 갖게 했고, 따라서 미국은 저자의 마음에서 꿈틀거리는 환상을 해결할 수 있는 곳이라는 막연한 믿음을 갖게 했는지도 모른다.

그러나 80년대 초 미국으로 이민을 가게 되었을 때, 그들의 현실을 직시하며 저자가 갖고 있던 미국에 대한 믿음은 산산이 부서졌다. 어려서부터 꿈꿔 오던 환상은 미국의 현실 속에서 전혀 찾아볼 수 없었다. 예컨대 그들의 대다수는 팔등신 미인도 아니었고 오히려 부담스러울 정도로 비대했으며, 그들의 학술과 문화는 우리의 도덕적 기준에서는 받아들이기 힘들 정도로 그 뿌리가 혼성적이고 애매모호한데다 결코 높은 차원의 것이라 할 수 없었다. 이것이 저자가 이민 초기에 미국에 적응하기 힘들었던 가장 큰 원인이었다. 이러한 정신적 고충은 마침내 과민성 소화불량이라는 병으로 나타났고, 육체의 병은 정신적 고충을 더욱 가중시켰다. 이것은 과연 미국이란 어떤 나라이며 그들의 진정한 문화는 무엇인가에 대한 고민으로 연결되었다.

저자는 바로 이러한 고민을 풀어 보고자 대학에서 서양 문화 연구를 시작하기에 이르렀다. 그러한 공부 속에 10여 년 만에 나오게 된 작품이 <The Thinker생각하는 사람, 1996-1997>라는 조각이었다. 이 조각은 저자가 과민성 소화불량의 질병을 견디기 위해 3년 이상 복용한 '펩토비즈몰(Pepto-bismol)'이라는 약물을 두루마리 화장지(Toilet Papers)에 적셔서 약 3미터 크기로 로댕의 <생각하는 사람> 조각상을 다시 만든 것이다. 서양의 문화와 예술에 대한 소화불량에 걸린 저자와 같은 제3세계인들의 상태와 그들의 결과물이 얼마나 허위적이고 기형적이며, 스스로 속고 또 속이고 있는가를 진단하고 싶었다. 저자는 당시 그 기형적 수레바퀴 속에서 인생의 가장 중요한 시절을 보냈다는 사실에 분노하고 있었던 것 같다.

저자가 문화에 대한 학술적 연구를 지속한 이유는 여기에 있다. 언젠가는 저자와 비슷한 환경에 놓여 있는 사람들이 갖고 있는 서양 문화와 예술에 대한 오해와 아픔을 풀어 주고 싶다는 열망이 있었던 것이다. 그러나 그 과정은 몇 권의 책을 독파한다고 해결되는 것이 아니었으며, 22년간의 미국 생활 가운데 15년 이상의 지독한 학습과 연구 그리고 그들과 함께 지낸 생활이 있었기에

<생각하는 사람 The Thinker> 1996-1997, 코디 최

겨우 가능했다. 그리고 마침내 2006년에 『20세기 문화 지형도(2010년 개정판 출간)』, 그리고 2010년 『동시대 문화 지형도』를 출간하게 되었다. 이는 저자가 하고자 하는 일의 시작이다. 현장감 있는 서양의 문화 지형도. 그 속에서 나와 우리의 위치를 파악하고 책을 읽는 이 순간에도 끊임없이 나의 정신계를 자극하는 온갖 문화의 전체 덩어리를 파악하는 일. 그 여행의 시작을 기어코 한국의 독자들과 함께 하게 된 것에 무한히 감사할 따름이다.

문화 지형도

짧은 근대사 속에서 격변의 세월을 보낸 우리들은 서양 문화의 흐름을 이해할 수 있는 지도가 없는 상태에서 문화에 대한 너무 많은 정보를 서양으로부터 수입해 왔다. 그 과정에서 때로는 전체의 흐름과 분리되어 개별적으로, 또는 순서가 뒤바뀐 상태로 무분별하게 전달된 경우도 있었다. 혹은 일부 내용은 극단적으로 전문화되거나 고급 지식으로 포장된 채 받아들여지기도 했다. 이러한 이유로 서양 문화는 우리에게 종종 막연한 부러움의 대상으로 여겨졌고, 알 수 없는 욕망과 자격지심에 떠밀려서 문화적 기형아와 사생아를 출산하게 되는 사례도 있었다. 어쩌면 이것은 서양 문화의 흐름에 대한 안내도 즉, '지도'가 없는 상태에서 단편적인 이해를 도모하다 보니 생겨난 당연한 현상인지도 모른다. 예컨대 서울 지도 없이 서울 시내에서 사람들에게 일일이 물어 가며 하루 온종일을 소비한 끝에 시청을 찾아간 외국인이 '시청은 서울에서 아주 먼 거리에 있다'고 생각하는 것과도 흡사할 것이다.

이 책은 2006년도에 처음 출간되었던 『20세기 문화 지형도』의 후속편이라 할 수 있으며, 1994년부터 2004년까지 저자가 뉴욕대(New York University)에서 단락별 혹은 주제별로 강의해 왔던 강의록에 기초하였다. 이 책 역시 『20세기 문화 지형도』와 같은 맥락의 '동시대 문화의 흐름'을 짚어 보는 개론서이다. 그러한 이유로 이 책의 제목을 『동시대 문화 지형도』라고 붙이게 되었다. 두 책은 서로 상호작용하고 보완하면서 거시적 문화 지형도를 더욱 구체화할 수 있도록 기획되었다. 따라서 『20세기 문화 지형도』를 먼저 읽고 그 흐름을 머릿속에 그리며 이 책을 읽어내려 간다면 깊이 있는 이해와 함께 더 큰 재미를

그림지도-20세기 문화의 흐름

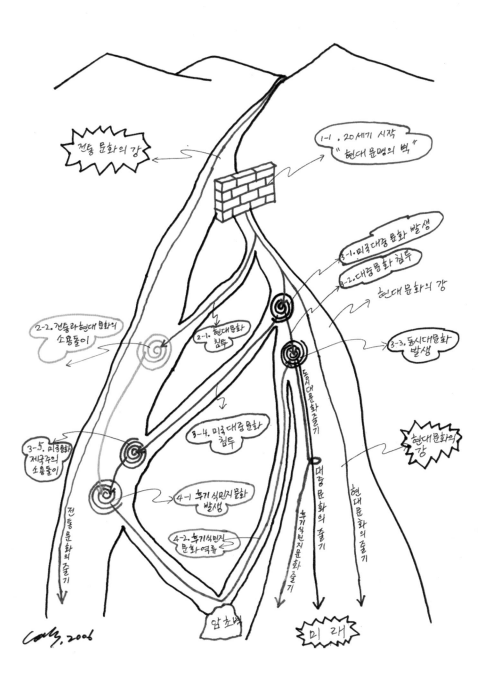

느낄 수 있을 것이다. 『20세기 문화 지형도』가 역사의 흐름 속에서 문화의 이동 경로를 추적하여 20세기 문화의 큰 흐름을 파악함으로써 다가올 21세기의 문화 현상을 예측할 수 있는 통찰력을 위한 것이라면, 『동시대 문화 지형도』는 동시대 문화 연구의 발생과 그 연구 방법론이 이론적 틀로 완성되어 가는 과정을 이해함으로써 현재 진행되고 있는 문화 연구의 방법론이 타당한지를 이해하는 것을 목적으로 하고 있기 때문이다.

특히 본 책은 '동시대 문화 연구(Contemporary Cultural Studies)'로 불리는 영국의 문화 연구 방법에 초점을 맞추었는데, 그 이유는 20세기 문화의 흐름이 진행되면서 벌어진 문화의 충돌과 혼란에 주목하고 학술적 체계로 정리해 성과를 이룩한 학자들이 바로 영국의 학자들이었고, 그 중심부가 된 곳이 영국의 동시대 문화 연구소이기 때문이다. 물론 '동시대 문화(Contemporary Culture)'라는 명칭을 만들어 낸 것도 이들이다.

70년대 후반에 와서 영국의 학술적 업적은 문화 전반을 고민하는 학자들 사이에서 어떤 당위성을 갖게 되었고, 세계 각국으로 전이되면서 각국의 학자들이 그들의 방법론을 차용하고 인용하여 각자의 문화 연구를 발전시키에 이르렀다. 현재 각 나라에서 진행되는 문화 연구는 영국의 동시대 문화 연구를 모태로 하고 있는 것이다. 우리 역시 마찬가지이다. 따라서 영국의 문화 연구를 중심으로 서양 문화의 사례들을 이해한다는 것은 우리의 현실 문화 연구에 어떠한 좌표를 지정하는 것이며, 나아가 우리만의 문화 연구의 방법론을 발전시킬 수 있는 길이 되는 것이다.

모자라고 부족한 저자를 마음으로 도우며 수차례 교정에 힘써 준
성균관대학교의 허우영과 홍익대학교의 강은미, 그리고 홍익대학교 박사과정의
윤병훈 선생님을 비롯해 연세대학교 언론홍보 대학원의 이희정 기자님과
홍영아 작가님께 깊은 감사를 보낸다.

코디 최

2010 서울/뉴욕

이 책에 사용된 모든 주석은 두산세계대백과(EnCyber & EnCyber.com) 및 한국브리태니커의 백과사전을 참고 또는 인용했음을 밝힙니다.

시도와 접근

시골의 정류장

1

문화의
성격

1-1

문화, 경계와 개념을 넘나드는…

'문화'라는 단어는 우리에게 무척 친숙한 단어지만, 누군가 그 경계와 개념을
묻는다면 경제나 정치처럼 명확한 경계와 개념을 떠올리지 못하고 혼란에
빠지기 쉽다. 보통은 시·소설·발레·오페라 등의 예술 분야를 떠올리지만,
곧바로 과학·사회·정치 심지어는 TV 연속극이나 만화·휴양지 등 우리의 일상
속에 녹아 있는 모든 것들을 문화로 여길 수 있음을 깨달으면서 그 범주에 대해
혼란을 일으킨다. 이와 같이 우리를 둘러싸고 있는 문화는 아무리 친숙해도
쉽게 정의 내리기 어렵다. 그래서 우리는 문화의 진정한 의미 속에 우리가 알고
있는 것 외에 다른 것이 포함되어 있지 않은지 의심하게 된다.

　　일찍이 인류학자들은 문화의 개념을 '사회적 행동 양식(Social Behavior)'이라고
명명했으며, 나아가 사회적 행동 양식에 의한 추상적 의미까지 포함시키는
학자들도 있다. 문화에 관한 초기의 개념 정의는 영국의 인류학자 타일러
Edward B. Tylor, 1832-1917가 출간한 『원시 문화Primitive Cultures』(1871)라는 책에서
다루어졌다. 그는 사회인은 자연 및 원시와 대립하며 인위적인 무엇을 더해
새로운 것을 만들어 가고 있으며, 이러한 과정에서 만들어지는 결과물들이
바로 문화라고 규정했다. 그 결과물은 예컨대 사회인으로서 인간이 가지고 있는
지식·믿음·예술·도덕·법·관습·습관에 의해 만들어진 합성물을 의미한다.
따라서 문화란 경험과 연구를 통해 학습되어진 사회 또는 소집단의 결과적
행동 양식을 뜻하며, 행동 양식으로서의 문화는 결국 사회 구성원들 사이의
관계성을 표현하고 나아가 그 구성원들을 지배하게 된다. 이러한 문화는 그

문화의 성격

보헤미안(The Bohemian)

사회 구성원들 간의 특성을 나타내는 것으로서 생산 조직·가족 구조·단체의 구성까지도 포함한다. 또한 프린스턴 대학의 사회학 교수인 클리포드 그리츠Clifford Geertz, 1926-2006는 이러한 문화의 모습을 '우리들의 이야기를 우리 스스로에게 들려주는 총체적 앙상블'이라고까지 했다.

　이와 같은 개념들을 기초로 생각해 볼 때, 문화는 우리들 안에서 의미를 동반하는 모든 행위들을 포괄하고 있는 셈이며 광범위한 실천 범위를 갖고 있다고 할 수 있다. 따라서 명확한 경계와 개념을 논하기에는 어려움이 따른다. 그러나 아이러니하게도 문화는 자신만의 명확한 범주를 갖고 있다. 즉 모든 것을 포함하는 듯해도 문화라는 범주는 스스로 너무도 확고한 독립체로서 자신의 모습을 뚜렷이 갖고 있다. 다만 한 부분을 규정하는 지엽적인 공식이나 방법론으로 문화 전체를 구분하거나 범주화할 수 없을 뿐이다. 따라서 문화는 자연과학이나 사회학 또는 철학과 같이 다른 학문에 대해 관용적이지 못한 전통적 학문들과는 매우 다른 특성을 가질 수밖에 없는 한편, 일상생활의 경험을 비롯하여 모든 실제적 방법론을 차용하고 사용한다. 이러한 문화의 모습을 인간 유형으로 묘사해 본다면 사회의 관습에 구애되지 않는 방랑자, 자유분방한 생활을 하지만 실리주의자인 보헤미안과 같이 느슨하게 모든 분야를 넘나들며 차용하고 포용하는, 자아가 없는 듯해도 누구보다 강력한 색깔을 지니고 있는 그런 존재라고 말할 수 있다.

1-2
명칭의 혼선

1950-60년대에 시작되었던 미국 문화의 본격적인 유럽 침략은 20년이 채 걸리지 않아 서구 사회의 문화 중심지를 유럽에서 미국으로 바꾸어 버렸다. 이것은 제2차 세계대전과 더불어 산업사회의 시장 논리와 자본주의 전략을 앞세워 이룩한 미국의 쾌거라 하겠다. 그리고 이런 모습을 지켜보던 우리 같은 제3세계에서는 서양 문화의 중심지가 유럽이 아닌 미국이라고 인식하게 되었다. 참으로 놀라지 않을 수 없는 일이지만, 요즈음 우리 젊은이들에게 서양 문화에 대해 물으면 그들은 자연스럽게 미국을 떠올린다. 특히 한국전쟁 이후에 미국의 막대한 영향을 받은 우리나라의 경우 이러한 현상이 어느 나라보다 뚜렷이 나타나고 있다. 영어 학원·조기유학·할리우드 영화·팝송과 패션·서양의 미의 기준에 따른 성형수술 그리고 변해 버린 성도덕이 미디어와 젊은이들을 장악했다. 또 미국 유학파가 전파한 새로운 교육관과 이론들이 교육계의 중심을 이루면서 미국식 문화를 우리 자신에게 뿌리내리게 하고 그것을 곧 서양적

세계관이라고 믿게 된 것이다.

이러한 상황 아래 현재 우리 문화는 고급문화와 저급문화, 20세기 엘리트 문화와 대중문화, 그리고 우리 고유의 전통문화와 외래문화 사이에서 큰 혼란을 겪고 있는 듯하다. 더욱이 20세기 후반에 접어들면서 20여 년 전에 비해 고급문화와 엘리트 문화 그리고 전통문화에 대한 관심은 현저히 줄어든 반면, 대중문화에 대한 관심과 시장 점유는 더욱 커진 것을 피부로 느낄 수 있다. 또한 우리 눈앞에서 '한류'와 같은 문화 현상이 고조되고 있는 것은 국제화 속에서 문화의 전쟁이 벌어지고 있음을 시사한다. 이런 상황에서 우리가 인지해야 할 것은 일찍이 국제사회에서 문화의 전략을 세우고 실질적으로 문화 수출을 성공시키면서 세계 문화의 흐름과 판도를 바꾸고 나아가 우리의 대중문화를 형성시킨 서구 사회가 있었다는 사실이다.

거시적인 관점에서 보았을 때, 20세기 이전까지 세계 각국은 나름대로 자신들의 문화를 자체적으로 계승·발전시켜 왔으며 국가 간에 적당한 거리를 유지하거나 합의적 교류를 통해 문화의 맥을 이어 왔다. 즉 각국은 자신들만의 국가관과 정체성을 보전하면서 전통을 계승해 왔다. 이러한 흐름은 부족 중심의 문화 발전을 지속시켰으며 나아가서 각국의 서로 다른 민족주의를 암묵적으로 지지해 왔던 것이다.

그런데 20세기에 들어서면서 상황은 전혀 달라졌다. 전 세계 각국이 비슷한 문화를 빠르게 공유하기 시작하면서 한 국가, 한 민족만이 가졌던 고유한 문화적 정체성은 사라지고 서로가 같은 문화를 향유하기 시작한 것이다. 예컨대 한복과 기모노가 일순간에 사라지고 모두가 양장과 양복을 입게 되었으며,

초가집과 다다미방이 사각형의 건축물로 바뀌었고, 모두가 비슷한 형식을 가진 음악을 따라 부르게 된 것이다. 생각해 보라. 수백 년을 이어 온 의복 양식이 불과 몇 십 년 만에 바뀌어 전 세계가 비슷하게 바지와 티셔츠를 입으면서 유행을 빠르게 공유하고 세계 어느 도시에나 비슷한 모양의 빌딩이 들어서 있다는 것이 놀랍지 않은가.

이처럼 국제적으로 비슷한 문화가 규격화되어 전이되던 시대를 우리는 '모던(Modern) 시대'라고 하며, 그 사회를 '모던 사회'라고 불렀고 그 사회에서 형성된 모든 문화를 '모던 문화(Modern Culture)'라고 칭했다. 이러한 모던 문화는 17세기 이성주의 철학의 발전과 기술 혁신을 통한 산업화, 마르크스주의, 경제 구조의 변화뿐만 아니라 엘리트에 의한 혁명적 의식을 통해 문화가 규격화되었던 역사의 큰 흐름을 뜻하는 것이다. 따라서 모던 문화란 20세기의 정신 사조인 '모더니티'와 '모더니즘'이라는 영역 속에 포함되는 모든 문화를 포괄적으로 의미하는 것이다. 그러나 전 세계를 문화적으로 빠르게 규격화시킨 모더니즘은 파시즘의 등장과 제2차 세계대전의 비극 등을 경험하면서 회의와 반성 그리고 한계를 경험하게 되고, 이러한 혼란을 통과하면서 포스트모던 문화로 이어진다.

포스트모던 문화는 포스트모더니즘, 포스트구조주의 등의 연구를 바탕으로 생성되면서 학자들 사이에 이견을 불러일으키기도 했다. 예컨대 모던 문화라는 흐름 속에서 모던과 포스트모던 문화를 정확히 구분하여 다루는 학자들이 있는 반면, 포스트모던을 모던 문화에 대한 저항과 다양화를 추구하던 흐름으로 간주하여 모던의 연계로 보는 학자들도 있다. 이처럼 서구 사회는 '20세기 문화'의 큰 흐름을 모던이라는 시대사조로 보는 입장에서 총체적으로 모던 문화로 취급하지만, 그 안에서 다른 관점 혹은 세부적 계보로 발생된 여러 갈래의 문화 흐름과 현상들은 각자의 관점에 맞추어 구체화하여 '산업문화·노동자문화·대중문화·후기 식민지 문화' 그리고 '동시대 문화(Contemporary Culture)'와 같이 개별적으로 지칭하는 연구를 심화시켜 왔다.

그러니 반드시 인지해야 할 문화의 명칭들에 대해 다음과 같이 다시 한 번 구분할 필요가 있겠다.

첫째, 17세기 이성주의와 과학의 발전 그리고 마르크스주의 세계관에서 혁명적으로 시작된 모더니즘은 20세기의 시대사조로서 역사를 주도하였고, 그 속에서 발생한 모든 문화를 '모던 문화'라고 지칭한다.

둘째, 모던 사회에서 형성된 문화들은 산업사회가 만들어지면서 생겨난 '산업문화', 산업화의 물결 속에서 도시로 몰려든 노동자들이 만들어 낸 '노동자문화', 미국의 대중사회 형성에 의해 등장한 '대중문화', 유럽의 식민지 정책을 바탕으로 자유시장경제와 국제화에 의한 문화의 식민화로 나타난 '후기 식민지 문화' 등으로 구분할 수 있으며, 이것들은 모던 사회에서 벌어진 문화적 현상들을 하나의 관점에서 개별적으로 다룬 명칭들이라 할 수 있다.

셋째, 산업사회를 주도해 오던 영국에서 시작된 '동시대 문화'가 있다. 현재 국내에서는 영국에서 시작된 동시대 문화 연구를 '현대 문화 연구', 혹은 '모던 문화 연구'로 지칭하는 경향이 있는데, 이러한 명칭의 혼재는 동시대 문화 연구의 본질과는 거리가 먼 것으로 한국 사회에서 이뤄지는 문화 연구의 오류를 극명하게 보여 주는 사례이다. 영국의 학자들이 '동시대 문화'라는 명칭을 쓰게 된 것은 당시 문화의 모습이 모던 문화나 포스트모던 문화로 지칭하기에는 애매모호한 혼란기에 놓여 있었을 뿐만 아니라, 그들이 당면한 문화적 문제를 연구한다는 의미에서 '현재'라는 의미로 '동시대(Contemporary)'라는 명칭을 쓰게 된 것이었다. 그러므로 동시대 문화 연구란 '현시점'에 놓여 있는 문화에 대한 연구를 뜻하는 것이다. 따라서 '동시대 문화'라는 관점은 모던 문화의 모든 것을 설명할 수 있는 것이 아니다. 그렇기에 영국의 동시대 문화 연구라는 명칭이 '현대 문화 연구'로 번역된다면, 'Modern'을 '현대'로 해석하는 우리의 일반적인 관습에서 볼 때 '동시대 문화 연구'가 '현대 문화 연구', 혹은 '모던 문화 연구'의 모든 내용을 지칭한다는 혼선을 빚을 가능성이 있다.

　서구 사회에서는 '모던 문화(Modern Culture)'를 '모더니티(Modernity)와 모더니즘(Modernism)'이라는 시대사조 속에서 벌어진 거시적인 문화의 모습으로 취급하며, 동시대 문화 연구는 60년대에 시작된 '영국의 문화 연구'라는 의미로 구분하고 있다. 그런데 우리나라에서는 80년대 말에 문화 연구의 중요성에 눈을 뜨면서 서구의 문화 이론들을 번역하기 시작했는데, 문화 연구의 시조격인 영국의 '동시대 문화 연구(Contemporary Cultural Studies)'를 '현대 문화 연구'로 번역하기도 하면서 'Modern Culture(모던 문화)'와 'Contemporary Culture(동시대 문화)'에 대한 언어적 동일시로 혼란이 야기되기도 하였다.

　따라서 저자는 'Contemporary Culture'를 '동시대 문화'로 지칭함으로써 'Modern Culture(모던 문화)'와 명칭의 혼동을 막고자 한다. 또한 'Modern Culture'를 '현대 문화'로 해석하여 부르는 것을 조심스럽게 거부한다. 그 이유는 기존의 우리 역사 속에서 'Modern(모던)'을 '근대' 또는 '현대'로 해석하여 각기 다른 개념으로 설명했던 것과 같은 언어적 혼란을 막기 위함이다. 우리 역사 속에서 '근대'란 갑오경장 이후 일제 강점기를 거쳐 서양 문화가 들어왔던 시기를 지칭하고, '현대'라 함은 한국전쟁 이후의 산업화 과정을 의미하며, 일반인들이 일상에서 말하는 '현대'란 세련되고 앞서 있는 모습을 뜻하기 때문이다. 이처럼, '모던'과 '동시대' 그리고 우리가 일상적으로 사용하는 '현대'라는 의미는 각기 다른 것임에도 불구하고 간혹 모든 명칭이 '현대로' 번역되는 것을 보았을 때, 우리의 문화 연구는 명칭에 대한 정확한 명명에서 출발해야 한다고 생각한다.

이러한 성격의 존재인 문화의 연구를 본격적으로 시작한 학자들이 동시대 문화 연구가들인데, 그들은 목적과 필요에 따라 인문·사회과학에서부터 예술과 디자인에 이르기까지 모든 분야를 접목하며, 모든 학술적 입장에서 사회현상에 접근하고 기호학적인 담론 분석을 통해 문화적 가치의 재생산을 추구하려 했다. 이와 같이 문화 연구가 모든 학술을 접목하여 기호학적 담론 분석을 한 데에는 20세기에 들어서며 벌어진 여러 학술의 발전과 그 학술들이 발전하게 된 배경과 깊은 관련이 있다. 따라서 동시대 문화를 연구하기 위해서는 과거의 여러 학문들에 대한 민감한 지적 훈련을 필요로 한다.

동시대 문화 연구는 산업혁명 이후 '산업문화'와 '노동자문화'가 가져온 본질적 사회 구조의 변화 위에, 제2차 세계대전으로 국가 간의 경계가 무너지면서 문화들의 충돌이 야기한 '대중문화의 혼재'라는 현상이 더해진데다, 영국이 지배했던 식민지들이 독립하면서 나타난 '식민지 문화'의 부각, 그리고 60년대 모던과 포스트모던의 충돌에 따른 '다문화 현상'들이 현실의 문제로 심화되었던 시기에 그들이 당면했던 문화적 문제들에 대한 연구를 목적으로 시작되었다. 그렇기에 그들은 사회적 배경을 항상 주시하며, 역사에 대한 인식 속에서 기존 역사에 대해 다분히 저항적이며 정치적인 태도 아래 새로운 길을 가고자 했다. 따라서 그들의 사회적 배경을 탐구하는 것은 동시대 문화 연구를 이해하기 위한 기초가 된다.

이 때문에 동시대 문화에 관한 연구는 한곳에 고여 있는 학습의 방법론이 될 수 없으며, 유동적이며 가변적으로 여러 방면의 주장과 서로 다른 의견 또는 정치적 입장에서 끝없는 지적 논쟁을 야기한다. 이것이 문화의 성격이다. 이렇게 끝없이 변위를 일으키는 동시대 문화 연구의 방법론을 비학제(Anti-discipline) :1: 라고 부른다. 하지만 비학제적 태도를 취한다고 해서 동시대 문화 연구가 귀에 걸면 귀걸이 코에 걸면 코걸이 식으로 무분별하게 진행될 거라 생각하면 큰 오산이다. 진정한 동시대 문화 연구를 위해서는 역사적 인식 속에서 철저한 학술적 훈련과 사회적 배경에 대한 고찰이 필요하며 그에 따라 방향성과 가치가 정해진다.

수년 전 한 신문의 연예 면에서 이런 기사를 본 적이 있다. 한 가수가 오랜 침묵 기간 중에 동네 비디오 가게에서 날마다 여러 편의 비디오를 대여해 영화를 보며 시간을 보냈는데, 십수 년 간 모든 장르와 종류의 영화들을 보아서 더 이상 볼 영화가 없다는 것이다. 그 결과 나름대로 영화에 대한 관점이 정립되었으며, 따라서 이제부터는 영화평론가로 활동하겠다는 내용이었다. 난감하기 짝이 없는 노릇이었다. 문화 연구가 비학제의 방법론을 취한다고 해서 이러한 발상을 한다는 것은, 그것이 한 연예인의 흥미성 이야기라 해도 상당히

:1: 비학제
어떤 연구를 기존의 규정된 학문 분야로 속박하지 않는, 혹은 그렇게 증명할 수 없는 통섭적(通涉的) 연구 형태

위험한 시도이다. 문화 연구는 역사 연구이며, 역사적 인식 속에 학술의 모든 가능성을 열어 놓고 사회적 실천을 위해 이뤄지는 연구이기 때문이다. 일부 학자들이 역사적 인식이 없는 상태에서 지적 정보를 인용하여 감정이 끌리는 대로 하는 낭만적 문화 연구는 우리가 매우 경계해야 할 대상이다. 문화는 광범위한 실천 범위를 갖고 있기 때문에 역사적 인식 속에 학술적 훈련이 없이는 연구할 수 없으며, 사회적 배경을 충분히 고려해 연구해야만 문화의 실체를 제대로 볼 수 있기 때문이다. 그렇지 않다면 자위행위식의 난장이 벌어지기 쉬우며, 대중은 이러한 일부 학자들의 난장에 의해 문화를 왜곡하게 되고 문화는 그 진정한 가치가 훼손된 채 쉽게 변형될 수 있기 때문이다.

2

동시대
문화 연구의
사회적 배경

이제 우리는 동시대 문화 연구의 학술적 배경을 이해함으로써 문화 연구가 왜 그렇게 기호체계와 담론적 분석에 집중하면서 여러 학술들을 종합적으로 수용하는지에 대해 알 수 있게 되었다. 그러나 동시대 문화 연구에 있어서 또 하나의 딜레마는 사회적인 배경이다. 흔히들 문화란 때 묻지 않은 그 자체의 순수성과 아름다운 품격을 지니고 있는 것이라 생각하곤 한다. 이런 생각이 시작된 것은 언제부터일까.

그것은 14-16세기에 걸친 르네상스(Renaissance) 시대 이후이다. 르네상스로 인해 예술 중심 사회가 주도되면서 수준 높은 예술품이 소수의 왕족과 귀족에 의해 향유되었고, 그러한 행위가 당시 사회의 문화적 가치를 대표한다는 관념이 생겨난 것이다. 불가사의하게도 5백 년 전에 형성된 그러한 생각은 지금 현재도 우리 가운데에서 집요하게 이어지고 있다. 지금도 우리는 음악회나 미술 전시회를 다녀온 다음에야 '문화생활을 했다'고 말하곤 하기 때문이다.

이러한 고전적 문화 개념에 일대 혼란이 일어난 시점이 바로 동시대 문화 연구가 시작된 1960년을 전후한 시기이다. 이때부터 문화는 전혀 다른 국면으로 전이된다. 그것을 인식하는 과정에서 시작된 문화 연구는 집요할 정도로 역사의식을 지니고 정치적 태도를 취했다. 새로 등장한 문화가 저항적 성격 안에서 생겨난 이데올로기의 결과물과 같은 모습을 갖고 있었기 때문에 그러한 연구 태도는 필연적인 것이었다.

따라서 고전적 문화 개념을 가지고 동시대 문화 연구를 들여다보면 적잖은 혼란을 겪어야 한다. 이 때문에 동시대 문화 연구를 이해하기 위해서는 학술적 배경을 이해하는 것만큼이나 당시의 사회적 배경을 이해하는 것이 중요하다.

동시대 문화 연구의 사회적 배경

그러면 이제 1960년대 전후로 어떤 일들이 일어났으며 그러한 현상이 어떻게 동시대 문화 연구를 태동시켰는지 들여다보자.

19세기로 접어들면서 마르크스주의 역사관을 통한 새 시대의 장이 열리고 산업혁명의 결과 새로운 계층으로 등장한 노동자들이 주도한 삶의 변화는 그들의 문화도 바꾸어 놓았다. 일터와 집이 물리적으로 분리되면서 과거 농경사회에서 볼 수 없었던 모습이 등장했다. 공장에서 일을 마치고 나온 노동자들은 삼삼오오 모여 여가시간을 즐겼다. 노동계급이라는 집단을 대표하는 새로운 문화가 만들어진 것이다. 이렇게 형성된 노동계급의 새로운 문화는 기존의 전통적인 문화의 개념과 권위에 대한 도전이며 위협이었다. 이것은 과거에 존재했던 귀족과 천민이나 고급과 저급이라는 문화 개념과는 다른 차원의 것이었다. 유럽의 국가들은 수준과 전통을 앞세우던 '고급문화'와 '노동자문화'라는 서로 다른 개념의 문화가 충돌하는 것을 피할 수 없었다. 산업사회가 유럽 전역을 주도하는 경제의 기본 구조로 자리 잡아감에 따라 마르크스주의와 노동자의 의미는 중요 가치로 떠오르게 되었고, 모던 사회에서

기계문명과 산업사회

마르크스주의와 새로운 경제구조

노동자의 새로운 문화

노동자와 새로운 권력

새로운 권력의 주체로 자리매김하게 된 것이다.

한편 산업사회의 발전이 시장경제를 가속화시키면서 또 다른 문화 충돌이 나타난다. 국경 밖에서 새로운 시장을 찾고 값싼 노동력을 얻어 이를 통해 경제권을 점령하려는 시도들이 있었고, 결국 각국의 문화가 충돌하는 결과를 초래한 것이다. 더욱이 제2차 세계대전 이후 과거 유럽의 식민지였던 국가들이 속속 독립하면서 이러한 현상은 더욱 혼란스럽게 전개되는데, 이러한 모습은 가장 많은 식민 영토를 지배해 왔던 영국에서 특히 두드러졌다. 오랜 시간 영국의 지배를 받으며 문화의 이식이 이루어졌던 영국의 식민지들은 과거 그들의 모습을 잃어버림으로써 독립 후에도 여전히 영국 문화의 잔재 속에서 정체성의 혼란을 일으켰다. 동시에 영국 본토에서는 오랜 세월 식민지로부터 유입되어 정착해 살아온 식민지인들이 고국이 독립한 후에도 영국에 잔존함에 따라 그들이 형성한 이질적 문화가 주변문화화 되어 갔다. 영국인들은 이러한 모습을 영국 문화로 인정할 것인가 아니면 배척할 것인가 혹은 새로운 의미로 해석할 것인가 하는 등의 혼란에 직면하게 되었다.

또 하나의 다른 문화 충돌은 세계 제1, 2차 세계대전을 통해 야기된 서구 국가들 간의 혼란 속에서 출현한다. 전쟁을 피해 미국의 대도시로 이주한 유럽인들이 낯선 땅에서 자신들의 정체성을 찾기 위해 급조해 낸 '도시문화'가, 전쟁 후 혼란한 시기를 틈타 세계 각국에서 자유를 찾기 위해 모여 든 다양한 민족들의 집합인 새로운 군중을 대표하는 미국의 '대중문화'로 승격된 것이다. 전쟁을 통해 새로운 경제대국으로 성장한 미국은 자본이라는 강력한 권력을 앞세워 유럽과 제3세계에 그들의 대중문화를 수출하였다. 이러한 문화 수출 전략은 그동안 유럽에 대해 미국이 가져 왔던 문화적 열등감과 자격지심을 극복하려는 차원에서 출발한 것이었지만, 결국 문화 수출 전략에 정부가 개입하면서 영국을 비롯한 유럽 국가들과 아시아의 여러 나라들에 미국의 문화 정체성을 심고 동부 유럽의 공산화를 막기 위한 치밀한 전략으로 발전한다.

그러나 당시 영국의 학자들은 미국 문화의 힘을 순순히 인정하려 들지 않았고, 미국 대중문화의 침략이라는 실체가 있었다는 사실을 가능한 부각시키지 않으려고 노력하였다. 따라서 그들은 산업사회와 노동계급 그리고 주변문화와 대중문화 등에 초점을 맞추어 연구를 진행하였고, 자신들의 문화적 현실을 정당화시키고 그 속에서 모든 문제가 해결되기를 도모하였다. 다시 말해서 미국의 문화 침략으로 발생한 문제들이 '새로운 문화화 과정'이라는 다소 애매한 연구 과제 속에서 포괄적으로 종속되어 해결되기를 바랐던 것이다. 이와 같은 그들의 태도는 유럽의 문화적 자존심에서 비롯되었다고 할 수 있다. 산업사회와 세계대전 이후 미국 문화의 바람 속에 자신들이 힘없이 무너지는 것을 인정하지 않음으로써 유럽의 국가들은 어떻게든 문화적 자존심을 지키고 싶었던 것이다.

산업혁명을 주도하고 식민 지배를 이끌었으며 미국과 가장 첨예한 갈등 관계에 있던 영국은 결국 정신적·문화적 혼란의 정점에서 그 혼란을 직시하고 이를 문화 연구로 정리할 필요성을 절실히 느꼈다. 1964년, 비로소 이러한 현상을 현실 문화 연구의 과제로 삼고 전략적으로 체계화하려는 연구가 시작되었는데 이것이 바로 영국에서 시작된 '동시대 문화 연구(Contemporary Cultural Studies)'이다. 이 연구는 20세기 모던의 역사와 문화 그리고 모더니즘의

미국 대중문화의 침략

식민지의 독립과 더불어 런던
거리에 정착한 인도 식당

본질적 문제에 대한 연구라기보다 당시 영국 사회가 당면했던 문화 현실에 대한 연구였다. 이 연구의 핵심은 마르크스주의와 산업사회 그리고 노동계급의 등장으로 시작된 사회적 갈등과 식민지 독립으로 인한 주변문화의 문제, 미국의 대중문화 유입으로 인한 혼란 속에서 유럽 문화의 향방에 관한 것이었다. 따라서 동시대 문화 연구가들은 마르크스주의라는 역사관을 바탕으로 다분히 정치적 태도를 취하며, 노동자 편에 서서 기존 문화에 대한 저항적 의식을 가질 수밖에 없었다.

이런 새로운 문화들을 몇 가지로 구분하자면 첫째로 노동계급의 소비를 목적으로 시작된 대량생산에 의한 소비문화, 둘째로 산업화에 의해 탄생한 도시라는 공간에서 형성된 대도시문화, 셋째로 노동계급의 정신을 충족시키는 대중문화가 있으며, 그 외에도 노동계급이 급진적 개혁론자들에 의해 정치 선동을 목적으로 이용되며 발전한 모습 등이 있다. 예컨대 무솔리니의 미래주의 같은 선동적 군중문화, 또는 나치의 국수주의 같은 군중문화가 대표적인 사례이다. 그들은 마르크스의 혁명 노선에 의한 20세기 새로운 사회 건설을 위해 노동계급을 문화적 관점으로 집결시켜 정치적으로 이용하려 했던 것이다.

노동계급이라는 새로운 집단과 문화의 시작은 1838년 영국 노동계급의 개혁운동인 차티스트 운동(Chartism) :2: 의 근간이 되었고, 이는 정치적인 운동으로 연결되어 후일 노동당이 영국에서 득세하는 신좌파(New Left) 운동으로까지 이어지는데, 이러한 사회적 현상이 작용하면서, 동시대 문화 학자들은 마르크스주의에서 시작하여 안토니오 그람시Antonio Gramsci, 1891-1937의 헤게모니 사상으로 이동하게 된다. 이처럼 신좌파의 정치적 노선을

:2: 차티스트 운동
영국의 노동자들이 선거권 획득을 위해 십여 년에 걸쳐서 벌였던 사회 운동

차용하던 동시대 문화 연구소의 학자들은 영국의 문화 엘리트주의라는 흐름 속에서 그람시의 헤게모니 이론과 직접적인 관계를 맺었고, 일찍이 식민지 점령을 자랑하던 영국이라는 나라의 특이성 아래 인도의 '종속집단 문화 연구'의 내용과도 모종의 연관성을 갖게 된다. 물론 마르크스주의의 역사관이라든지 신좌파 이론의 영향 등은 보는 관점에 따라서 학술적 배경으로 해석될 수도 있지만, 순수한 학술적 의도에서 시작되었다기보다는 사회적 상황으로 인한 정치적 태도에서 차용한 것이기에 저자는 이러한 영향을 사회적 배경으로 분류하고자 한다.

2-1

권력, 문화의 반려자

동시대 문화 연구는 이처럼 문화의 충돌·혼동·침략 그리고 새로운 문화의 탄생이라는 시대적 관점에서 영국 문화의 방향성을 정립하고 사회의 혼란을 해결하기 위해 시작되었다. 그 과정에서 자연히 새로운 문화가 형성되고 관습화되어 가는 과정이 권력의 그물망 속에서 일어난다는 사실을 저자는 현실적으로 직시하게 되었고 권력이 곧 문화의 반려자와 같은 입장에 놓여 있다는 것을 실감했다.

2004년에 귀국한 저자는 20세기 말의 한국 문화와 60년대의 영국 문화가 겪었던 혼란 사이에서 흥미로운 지점들을 발견할 수 있었다. 60년대 당시 미국의 '로큰롤(Rock'n'roll)'에 매료되었던 영국 젊은 세대들의 모습과

에드워드 7세(1841-1910)　　맨체스터 길거리에서 에드워드 7세를 흉내 낸
　　　　　　　　　　　　　테디보이들(1955)

20세기 말 미국의 '힙합(Hip-hop)'에 열광한 한국 젊은이들의 모습에서 시대를
달리해 나타난 두 나라 젊은이들의 문화가 흥미로웠다. 당시 영국은 전쟁 후
지속되던 사회 혼란으로 가치관이 흔들리고 청소년 비행이 사회적인 문제로
대두되면서 소위 '테디보이(Teddy Boy)'로 인한 진통을 겪게 된다. 그들은 기름을
잔뜩 발라 뒤로 빗어 넘긴 머리, 발목이 좁아 꼭 끼는 바지, 벨벳 깃이 달린
소매 긴 재킷, 구두 끈 모양의 넥타이, 고무로 창을 댄 구두 등을 즐겨 입으며
에드워드 7세 때(20세기 초)의 상류층 차림새를 흉내 내는 반항적인 남부 런던의
노동자 계층이었다. 청소년 범죄가 증가하고 휴일마다 떼를 지어 몰려다니던
테디보이들은 시민들에게 공포의 대상으로 인식되었다. 이것은 계급 상승을
꿈꾸는 노동자들이 가진 반항적 심리의 발로였다. 이들은 기존 질서와 권위를
비판하면서 욕구 불만을 느끼고 있었다. 영국의 기존 인기 음악과 낭만적인

노래 가사는 이러한 젊은이들을 만족시킬 수 없었다. 이들은 불만의 돌파구가 될 강력한 음악을 요구했는데, 이때 수입된 미국의 로큰롤은 영국 젊은이들의 구미에 딱 들어맞는 것이었다. 사업가들은 이러한 음악들을 재빨리 상품화했고, 미국 노동자 출신의 가수였던 엘비스 프레슬리Elvis presley, 1935-1977 :3: 는 여기에 가장 적합한 상품이었다.

50년대 중반까지 영국의 대중음악은 트래드(Trad)가 주류였다. 트래드란 1910년대 뉴올리언스 주변에서 생겨난 초기 재즈의 스타일 중에서, 특히 백인 뮤지션들이 연주한 재즈로 분류되는 딕시랜드 재즈(Dixieland jazz)를 기본으로 한 영국적 팝뮤직을 일컫는 말이다. 그런데 1955년 11월 2일 최초의 로큰롤 곡으로 알려진 빌 헤리Bill Harey의 <Rock Around The Clock>이 빌보드 영국 싱글차트에 진입하면서 미국의 로큰롤이 영국의 대중음악을 흔들기 시작한다. 이후 1956년 8월 24일에는 영국의 첫 로큰롤 클럽인 스튜디오 21(Studio 21)이 개장하고, 드디어 1958년 1월 25일 엘비스 프레슬리의 <Jailhouse Rock>이 영국 차트 정상을 차지하게 된다. 이로써 미국 음악이 최초로 영국 본토를 완벽히 장악한 것이다. 이러한 현상들이 계속되면서 영국 노동자 계급의 젊은이들은 완전히 변해 갔고, 영국은 로큰롤의 천국이 되었다.

이처럼 미국 문화가 영국의 대중문화를 장악하게 된 배경은 두 가지가 있다.

첫째, 전쟁 이후 영국 사회의 주인이 귀족이나 일부 기득권층이 아닌 대중과 노동자라는 사회적 인식이 확고히 자리 잡아 가면서 귀족과 기득권층의 권력에 대한 불만이 증폭된 점이 크게 작용했다. 노동계급 출신인 엘비스 프레슬리는 사회적 불만에 가득 찬 영국 노동계급 젊은이들을 움직이기에 충분했고 그

:3: 엘비스 프레슬리

미국에서 20세기에 활동한 가장 잘 알려진 가수 중 한 명. 미국의 배우이자 가수로 활동한 그는 리듬 기타를 연주하였고 20년 동안 30편이 넘는 영화에 출연하였다. 그의 음악은 미국과 영국을 시작으로 세계적으로 선풍적인 인기를 끌었으며, '로큰롤의 제왕(The King Of Rock'n'roll)'이라는 별명을 얻었다.

폭발력은 영국 사회 전체가 미국 대중음악에 빠르게 흡수되는 역할을 했다.

둘째, 전쟁 이후 경제 대국으로 급부상한 미국의 경제력이 하나의 권력으로 작용한 점을 들 수 있다. 미국은 자신의 문화를 무시하던 영국을 강력한 자본을 동반한 대중가요를 내세워 공략했고, 이 전략이 멋지게 성공해 영국을 문화적으로 빠르게 잠식하는 결과를 낳은 것이다. 만약 미국의 자본이 없었다면 영국 사회에 응집된 욕구를 한번에 폭발시킬 수 있는 파괴력은 그렇게 강하지 않았을 수도 있다.

물론 영국은 미국의 로큰롤을 그저 향유하지만은 않았다. 영국은 곧 영국의 로큰롤을 탄생시켰다. 바로 비틀스The Beatles의 등장이었다. 정장을 차려 입은 영국의 젊은이 네 명이 부르는 로큰롤은 미국 젊은이들을 단번에 매료시켰다. 속칭 '영국의 침공(British Invasion)'이라 불리는 이 사건은 미국의 문화적 뿌리와 동경이 영국에 기인해 있음을 뼈아프게 확인하는 것이었으며, 이로 인해 미국과 영국은 문화 권력을 주고받으며 공방하는 장으로 진입하게 되었다.

한편, 그 시기 한국은 전쟁 이후 미국에 의해 그들의 산업화를 따라가며 경제 성장을 꾀하고 있었다. 경제 위주의 성장 정책은 노동자 계급의 착취로 이어졌는데 여기에 남북의 분단이라는 정치·사회적 현실이 더해져 한국의 젊은이들은 90년대까지 많은 방황을 해야 했다. 그리고 90년대에 와서 그 방황의 이슈가 잦아들면서 경제적 안정이 찾아오자 젊은이들은 무언가를 찾기 시작했다. 90년대의 젊은이들은 60년대와 70년대처럼 이데올로기적 정치 현실에 갈등하는 최전방의 젊은이들이 아니었으며, 80년대처럼 정치적 부조리에 대항하던 세대도 아니었다. 이들은 오히려 선배들의 치열한 정치적

1980년대 초의 미국 힙합 그룹
런 디엠씨(RUN DMC).
1990년대 후반 한국 힙합
그룹의 모델이 되었다.

투쟁의 허실을 보며 허무주의적 관점을 키웠고, 허탈한 경제 구조와 믿을 수
없는 정치적 현실에 대한 불신에 찼던 세대이다. 또한 자유분방하고 막강한
경제력을 동반한 미국 문화의 유입을 경험하면서 부러움과 연민, 증오가
교차하는 갈등 속에서 부조리와 동시에 소외감을 느껴야 했던 세대였다.

　　결국 그들의 이러한 감정은 때마침 유입된 미국의 '힙합(Hip-hop)' 음악에
대한 폭발적 지지로 나타나게 되었다. 당시 아마도 우리 젊은이들은 힙합이라는
음악을 다음과 같이 이해한 듯하다. 첫째, 미국 음악의 한 장르로 음악적
부러움의 대상이면서 둘째, 흑인이라는 소외된 집단의 음악이기에 기득권층인
백인들의 음악을 좇던 자신들의 모습을 투영할 수 있으면서 음악적 욕구까지
채울 수 있는 대상이라고 말이다. 따라서 미국에 대한 동경과 소외감이
교차했던 한국의 젊은이들에게 힙합은 더없이 좋은 문화 상품으로 향유된
듯하다. 그리고 이러한 현상은 영국의 로큰롤이 미국을 공략했던 것과는 다른

결과로 나타났다. 미국 힙합의 영향으로 우리는 단기간에 과거의 가요와는 다른 새로운 대중가요를 만들어 냈고, 이것을 아시아권에 역수출하게 되면서 '한류'라는 결과에 이르게 되었다. 어찌되었든 힙합에 매료되었던 우리의 상황은 한국전쟁 이후에 막대한 권력을 행사해 온 미국의 존재감이 권력 구조로 작용한 결과라는 것을 무시할 수 없을 것이다.

그렇다면 엘비스 프레슬리의 음악에 심취했던 영국 젊은이와, 미국 힙합에 심취했던 한국 젊은이의 차이는 어디에 있을까. 영국의 젊은이들은 노동계층과 대중이라는 정체성이 미국의 대중음악 속에 있다는 것을 파악하고 그러한 정체성을 자신들에게 대입하여 기득권에 저항하는 권력의 의미로 로큰롤을 받아들였다. 반면, 우리는 미국의 힙합이 흑인 빈민가의 불만과 인종차별에 대한 저항뿐만 아니라 상당히 저속한 내용을 담고 있음을 제대로 파악하지 못했다. 미국의 흑인 힙합이 체제저항적 차원의 정신적 결과물이 아니라 그 외피를 두른 채 불량한 말과 생각, 뜻도 없는 자극으로 이루어진 음악이라는 것을 속속들이 알고 받아들인 것이 아니라는 말이다. 그저 힙합의 리듬감, 흑인적 리듬감이 우리 젊은이들의 정서와 잘 맞았던 데다, 백인 사회에서 차별받는 흑인과 백인 사회에 문화적으로 종속되어 온 동양인이라는 식의 공통분모를 바탕으로 미국의 음악 장르라는 환상이 합쳐져 열광한 것이 우리가 힙합에 열광한 배경임을 부인할 수 없다.

이렇듯 미국의 대중음악이 영국의 젊은이들을 매료시키고 영국 사회를 장악해 가자, 당시 동시대 문화 학자들은 미국 대중음악의 내용을 깊이 있게 다루며 영국의 대중음악이 가야 할 길에 대해 언급하였다. 그들은 미국의 대중음악이 대중과 산업사회를 기초로 발생한 것은 맞지만, 그 내용이 "해피 올 더 웨이(Happy All the Way)", 즉 유희와 즐거움만을 긍정적으로 추구하는 가볍기 짝이 없는 것이라고 보았다. 따라서 산업사회와 노동자 그리고 대중과 대중음악이라는 큰 흐름 속에서 새로운 가치와 정신적 의식을 찾아내야 한다고 주장했다. 그러면서 대중사회와 노동계급이 기득권층에 대한 저항의식과 예술적 가치를 새로운 문화로 구현하기 위한 하나의 사례로 언더그라운드 컬처(Underground Culture)와 음악을 내세웠다. 그 결과 서민 정서를 시적으로 다루면서도 기득권층에 저항적인 모습을 하나의 틀로 보여 준 비틀스와 같은 뮤지션이 주목을 받게 되었고 영국의 대중음악으로 각광받게 된 것이다.

이처럼 비틀스의 모습은 엘비스 프레슬리의 "해피 올 더 웨이"와는 다른 것이었으며, 마침내 미국으로 역수출되어 대중음악 속에 예술적 가치와 저항의식이라는 정신세계의 깊이를 보여 주었고, 그 결과 진정한 의미의 '영국의 침공'이 가능했던 것이다. 만약 비틀스가 엘비스 프레슬리가 보여 준 로큰롤의 단순한 변용이었다면 영국의 역공은 가능하지 않았을 것이며 미국의 젊은이들은 결코 열광하지 않았을 것이다. 그 이후 미국의 젊은이들은 대중음악 속에서 가수가 아닌 뮤지션 아티스트(Musician Artist)를 찾고자 하는 경향이 강해졌고, 저항의식을 뮤지션 아티스트의 첫 번째 성격으로 꼽게 되었다.

이러한 과정을 다시 우리의 경우와 비교해 보자. 우리는 힙합의 내용에 대한 연구를 통해 새로운 음악을 만들어 '한류'를 탄생시킨 것이 아니다. 우리는 음악적으로 미국의 힙합을 흡수했을 따름이다. 그것이 표현력의 발전을 거쳐 마케팅을 통해 상업적으로 아시아권에 수출된 것이다. 물론 그 과정과 성과는 폄하되어선 안 된다. 그러나 비틀스의 음악을 통해 강력한 자본으로 무장한 미국의 문화계가 정신적 충격을 받아 향후 자신의 문화적 기준을 바꿔 나간 것과 달리, 우리의 대중가요를 흡수한 아시아 각국이 과연 그와 같은 정신적 의미를 우리나라의 음악에 부여할 것인지는 미지수이다. 그 차이가 우리나라를 단순한 문화의 카피국가로 전락시키게 된다면 그것은 엄청난 불행이 아닐 수 없다.

그러므로 동시대 문화 연구가들은 하나의 대중음악이 국가의 경계를 넘나들며 정착되어 가는 과정을 단순히 음악적 장르의 변화 과정으로만 받아들일 수 없었다. 미국의 로큰롤이 영국 사회의 권력 구조를 기득권에서 노동계급으로 이동시키는 데 일조하면서 새로운 문화를 창조했기 때문이다. 한국의 힙합 정착 과정 역시 같은 맥락 속에서 기득권과 청년들 사이에서 일어났다고 볼 수 있다. 최근에 일어난 '한류'와 같은 현상은 아시아권에서 한국의 입지를 바꿔 놓음으로써 문화 권력이 무엇인지를 우리에게 실감하게 한 사례이다. 이처럼 문화 이동의 현상은 다른 문화들 간의 공방 속에서 한 사회를 장악해 가며 새로운 문화를 생성하는데, 그 밑바닥에는 모종의 권력이 문화의 반려자처럼 함께 숨을 쉬고 있다.

따라서 동시대 문화 연구가들은 한정된 대상들 사이에서 권력 관계와 서로 영향을 주고받으며 새로이 생성되는 문화의 모습을 규명하려 하였는데, 종종 의도적으로 특정 문화 또는 한정된 관점과 위치를 규정하여 연구함으로써 문화를 자기중심적으로 파악하기도 한다. 예컨대 '영국의 산업사회와 노동계급이라는 관점과 위치에서 미국의 로큰롤을 바라보며 영국적 대중음악의 정착 과정을 연구하는 것'처럼 말이다. 이러한 태도는 영국의 동시대 문화 연구가 자국의 문화를 개척하고 주도하고자 하는 의도에서 출발했기 때문이라 할 수 있다.

그러나 이들이 이렇게 의도적이고 한정적인 연구의 관점을 가지고 있었다고 해서 그들의 방법론 자체도 그랬던 것은 아니다. 그들의 연구는 사회적·정치적 맥락과 그 관계성으로부터 문화의 존재를 분리시키고 A는 B와 다르다는 식으로 분별하는 것이 아님을 알아야 한다. 오히려 사회적 또는 정치적 맥락 속에서 복잡하면서도 혼성적인, 때로는 복합적으로 존재하는 문화의 실체를 분석하고 이해하는 과정을 목적으로 한다. 예컨대 한정된 문화들 사이의 관계가 어떠한 정치적 맥락 속에 놓여 있으며, 어떤 과정을 통해 지배받고 지배하며 어떠한 권력 구조 속에서 존재하게 되었고 그 실체는 무엇인가, 그리고 우리가 그것을 어떻게 이해하고 발전시킬 것인가 하는 점들을 연구하는 것을 목적으로 하는 것이다. 이는 사회의 도덕적 평가 척도를 가늠하고자 하는 기초적인 정치 행위라 할 수 있다.

여기에서 우리가 주의해야 할 한 가지는 전통문화 연구와 동시대 문화 연구의 차이에 대한 이해이다. 전통문화 연구의 의미는 전통의 흐름과 역사 속에서 정치적 비평을 통해 사회의 재구축에 기여하지만, 동시대 문화 연구는 20세기 자본주의 산업사회(Industrial Capitalist Societies)의 정치적 현실 속에서 권력 구조 즉, 모든 지배 구조에 대한 이해와 그 변화를 분석함으로써 문화의 흐름을 연구하고 제시하려는 것이기 때문이다.

2-2

문화와 이데올로기

동시대 문화 연구에서 나타나는 기본적 연구들이 사회와 정치적 배경에 근거한 권력 구조를 파악함으로써 문화를 분석하려 한다는 것을 알고 나면, 다음과 같은 질문을 던지게 된다.

"문화를 연구한다는 것은 이데올로기적 행위인가? 아니면 그에 따른 파생인가? 혹은 이데올로기적 행위에서 발생된 것이 문화 연구인가?"

이러한 질문은 동시대 문화 연구가 단순히 정치적 배경과 권력 구조를 다루고 있기 때문만은 아니다. 문화 흐름의 이해를 도모하기 위해 애매모호한 개념적 경계와 다양한 지식을 바탕으로 이데올로기의 개념을 차용하고 있기 때문에 더욱 그러하다. 이 때문에 문화 연구로 인해 이데올로기의 개념이 혼란스러워지고 말았다는 학술적 주장도 있다.

한편, 저자는 20세기 자본론에 근거하는 마르크스주의 즉, 정치적 이데올로기의 몰락과 미국 실용주의 노선의 자본주의 득세를 또 다른 이유로 꼽겠다. 인류의 역사 과정에서 인간의 정신적 부분을 주도하던 종교는 중세를 지나며 인간 자신을 중심으로 삼는 인본주의로 대치되었다. 그리고 20세기에 들어서면서 마르크스의 정치적 이데올로기에 그 위치를 빼앗겼다. 그러나 20세기 후반에 오면서, 마르크스주의를 국가와 인간 정신계의 핵심으로 삼던 공산국가들이 미국의 자본주의 앞에 무릎을 꿇었고, 따라서 정치적 이데올로기의 허상이 드러나며 미국의 자본주의가 또 다른 정신주의로 실효성을 발휘하는 것처럼 보인다(프랜시스 후쿠야마^{Francis Fukuyama, 1952-}의 『역사의 종말과 최후의 인간^{The End of History and the Last Man}』 참조). 그러나 인간의 정신계를 충족시킬 만한 뚜렷한 사상적 근거가 미약한 것이 미국의 자본주의이기에 인간의 정신계는 공허해질 수밖에 없다. 그러므로 이데올로기가 사라진 공허한 인간의 정신계에 문화는 이데올로기의 다른 모습으로 인간의 정신계를 채운다.

예컨대 저자가 대학을 다니던 80년대 초만 해도 교내에서는 이데올로기와 사상에 대한 대화가 학생들의 주된 가치관을 보여 주었으며, '돈'을 강조하면 '어용학생'이라는 오명까지 들어야 했다. 그러나 요즘 시대를 사는 젊은이들 마음속에는 돈이 최고의 가치로 평가되는 양상이다. 바로 미국 자본주의의 현실이 이양된 것이다. 학생들은 주머니에 돈이 생기면 무엇을 입을까, 무엇을 먹을까, 어떤 영화를 볼까, 어디로 여행 갈까를 고민하며 그 안에서 정신적 의미와 기쁨을 찾으려 한다. 즉 그들에게는 문화 활동 속에 어떤 정신적 의미가 존재하는 것이다. 실례로 2004년 저자는 모 신문사에서 주최하는 학술회의 강연을 맡은 적이 있다. 강연이 시작되기 전 신문사의 회장과 식사를 하였는데 회장이 문화에 대한 이야기를 꺼내며 저자를 비롯한 그 자리에 있던 임원들에게 책 한 권을 꼭 읽으라고 추천했다. 그 책은 바로『1,000 Places to See Before You Die: A Traveler's Life List』였다. 죽기 전에 가볼 만한 여행지 1,000곳에 대한 소개라는 부연 설명과 함께, 그는 그중에 약 100여 곳 정도를 가보았으며, 새로운 곳에 가서 문화를 접할 때마다 놀라운 창조 정신이 생겨난다고 강조했다. 이처럼 이데올로기 상실의 시대, 자본주의의 시대에 인간은 자본이 축적될수록 공허해지는 정신계를 문화로 채우려는 경향이 강하게 나타난다. 따라서 현시점에서는 문화가 이데올로기적 행위일 수도 있으며, 이데올로기적 행위를 동기로 파생된 그 무엇일 수도 있다.

그렇다면 우리는 이즈음에서 이데올로기의 내용을 잠시 짚고 넘어가야 할 것이다.

먼저 '노동당 이데올로기'라 하면 특정 집단의 조직적 사고 체계로서 정치·경제·사회적 목표와 활동의 근원이 되는 사상을 뜻한다. 레니니즘(Leninism), 마오쩌둥 주체사상(主體思想) 같은 정치적 이데올로기를 들 수 있는데, 이것은 마치 종교집단에서 신앙의 근원이 되는 종교관과 같은 위치의 것이다.

둘째, '자본주의 이데올로기'라 하면 지배계급과 피지배계급 간의 갈등을 일으키는 경제력의 역학관계를 구조적 사상의 관점으로 파악하는 것으로, 이것은 마치 직원이 사주의 경제력에 구조적으로 지배당하는 것과 같은 입장이라고 할 수 있다. 이와 같이 정치 구조의 목적에 따라 만들어지는 사상들은 이데올로기적 문화의 산물이라고 할 수 있다. 이것은 다분히 마르크스적 해석에 의한 것이다.

셋째, 일반적으로 자주 사용되는 '상징적 이데올로기'는 하나의 특정한 이미지로 부각되며 기존의 이미지에 대한 대립적 입장으로 등장한다. 마치 20세기 엘리트주의에 맞서 등장하는 대중주의와 같은 예를 들 수 있다.

그러나 프랑스 철학자 루이 알튀세르Louis P. Althusser, 1918-1990 :4: 는 문화를 이데올로기에 대한 시각과 관념을 뛰어넘어 물질적 실천 행위로 구분하고,

:4: 루이 알튀세르
알제리 출생. 파리 고등사범학교에서 가스통 바슐라르에게 헤겔 철학을 배웠고, 졸업 후 모교에서 철학교사를 지냈다. 1948년 프랑스 공산당원이 되었고, 1967년경부터 자신의 이론을 통한 계급투쟁을 실천하여 많은 논의를 불러일으켰다. 『마르크스를 위하여』(1965)에서 그는 마르크스 사상이 초기의 인간소외론으로 환원되는 것을 거부하고 그 사상의 특질이 이데올로기에서 나오는 인식론적 절단에 있다고 주창하였다. 제자 발리바르와 함께 발표한 『자본론을 읽는다』(1965)에서는 헤겔 사상을 단절하고 마르크스 사상의 구조론적 해석을 제시하였고, 『레닌과 철학』(1969)에서는 철학과 과학의 관계와 철학의 정치적 본질을 파악하였다.

스탈린, 처칠 그리고 루스벨트
(이데올로기는 특정한 하나의 이미지로 부각되며, 정치적 차원에 치중하고, 다분히 대립적 관계에서 권력
관계를 혼란시킨다.)

사회학적 재생산의 역할로까지 확장시켰다. 이것은 마치 새롭게 등장한 문화를
사람들이 실천적으로 수용하여 새로운 사회가 구현되는 모습을 말하는 듯하다.
또 프랑스의 문화이론가 롤랑 바르트Roland Barthes, 1915-1980는 이데올로기가
사회학적 재생산의 역할 과정을 뛰어넘어 무의식 단계의 의미로까지
작용한다고 주장했다. 이것은 문화가 사회의 모습을 변화시키는 현상을
뛰어넘어 개인 정신계의 무의식마저도 조종하고 있는 것을 뜻한다. 이와 같이
문화와 이데올로기는 개념적으로 상당 부분을 공유하고 있지만, 면밀히 보면
이데올로기는 정치적 차원에 치중하고 있으며 다분히 대립적 관계에서 권력
관계를 혼란시킨다. 반면에 문화는 사회의 이해와 변화를 대상으로 기본적으로
화해를 추구하고 있다. 그러나 이러한 화해는 바라보는 입장에 따라 권력
체계와 지배 구조 아래, '점령' 아니면 '저항'이라는 각기 다른 입장의 문화
전쟁의 구조로 인정될 수도 있다.

동시대 문화 연구의 사회적 배경

3

동시대 문화 연구의 학술적 배경

'동시대 문화 연구(Contemporary Cultural Studies)'라는 학술적 이름이 세상에 공식적으로 알려지기 시작한 것은 1964년 영국의 버밍엄 대학에서의 일이다. 이러한 이유로 흔히들 '문화 연구'라 하면 버밍엄 대학과 동시대 문화 연구소(Centre for Contemporary Cultural Studies)를 떠올리곤 한다. 그러나 그들의 동시대 문화 연구를 공부하다 보면 때로는 좌절과 혼동을 겪게 되는데, 그 이유인 즉 모든 학술과 분야를 자유롭게 혼합적으로 취하는 태도로 인해 '과연 문화 연구란 무엇이며 어떠한 이유로 이러한 모습을 띠는가'라는 혼란스러운 질문을 던지게 하기 때문이다. 또 문화 연구는 새로운 분야의 학술이라는 선입견을 가지고 다른 분야의 학술과 연관성을 생각하지 않은 채 접근하면 동시대 문화 연구의 통섭적이고 복잡한 성격에 혼동을 일으키게 될 것이다. 그렇다면 동시대 문화 연구는 어떠한 이유로 이러한 '통섭(通涉)'적인 연구 태도를 갖게 되었을까? 그 답은 20세기 역사 속에 있는 학술적 흐름을 살펴봄으로써 얻을 수 있다.

　동시대 문화 연구는 당시 혼란스러웠던 학술의 흐름에 깊은 영향을 받았다. 1960년대 유럽의 학술적 흐름은 한마디로 혼란과 과도의 시기였다고 해도 과언이 아니다. 과거의 전통과 충돌했던 마르크스주의와 20세기 전반부를 이끌었던 구조주의가 여전히 강력한 영향을 끼치던 상황에서 포스트구조주의적 흐름이 태동함으로써 다시 학술적 대립이 시작되었기 때문이다. 이로써 새로운 시대를 향해 가는 과도기에 접어들어 가는가 하면 문화기호학과 문화인류학의 연구가 활발해지면서 학술 속에서 문화가 중시되었다. 이와 같은 시기를 겪으며 유럽의 학술적 흐름은 자연스럽게 혼재

　　　　　　　　　　　　동시대 문화 연구의 학술적 배경

상태에 놓이고 갈등을 겪게 되었는데, 여기에 설상가상으로 미국적 모더니즘이 침략한다. 실용주의에 배경을 둔 미국적 모더니즘은 유럽 사회 전반에서 크게 호소력을 가지면서 유럽의 현실 문화를 크게 뒤흔들었다.

동시대 문화 연구는 바로 이러한 학술적 혼재의 시기에 시작된 것으로 자연스럽게 모든 학술들의 경계를 자유로이 넘나들며 진행되었다. 따라서 영국의 학자들은 동시대 문화 연구를 학술적 범주에만 한정하지 않고 보다 실리적 목표를 향해 나아갔다. 혼란한 사회 현실 속에서 자신들의 문화적 정체성과 위치를 찾기 위한 노력과 함께 현실에서 적용시킬 수 있는 문화의 기능을 찾아 영국 사회를 새로운 문화의 장으로 이끌어야 한다고 생각한 것이다. 결국 동시대 문화 연구는 모든 분야를 공부하고 연구하여 현실에 적용하고 새로운 문화와 역사를 이룩해 가려는 태도를 보였는데, 오늘날에 와서는 이러한 연구 태도를 동시대 문화 연구의 '문화 연구의 기본 전략'이라는 개념으로 받아들이고 있다.

1960년대 문화 연구의 배경에 혼재되었던 여러 학술들을 살펴보면, 20세기 모든 학술에 기초적 영향을 미친 구조주의 학술이 있고, 러시아 형식주의의 전통 속에서 유래된 문화기호학의 영향이 문화와 기호의 관계를 연구하는 근간으로 작용했으며, 미국의 실용주의적 관점이 부각되어 현실적 문화 연구의 역동성이라는 과제를 정당화하였다. 또한 인류학이 발전하여 구조주의와 인류학이 만나 구조주의 인류학이 등장하면서 인간과 사회 그리고 문화에 대한 연구를 주제로 삼게 되었으며, 60년대 유럽에서 발전한 포스트구조주의 학술의 영향까지 더해져 종합적인 학술적 흐름이 혼재되어 있었다.

따라서 이번 장에서는 구조주의의 뿌리와 러시아 형식주의를 통한 문화기호학의 관계, 아메리카 실용주의의 관점과 20세기 인류학의 흐름 그리고 포스트구조주의를 들여다봄으로써 동시대 문화 연구의 배경에 깔려 있는 학술의 흐름을 알아보기로 하자.

3-1
소쉬르와 구조주의

1857년 스위스 제네바에서 출생한 언어학자 소쉬르Ferdinand de Saussure, 1857-1913는 스물세 살 되던 해인 1879년 「인도-유럽어 원시 모음 체계에 관한 논문Memoire sur le Systeme Primitif des Voyelles Dans les Langues Indo-europeennes」을 발표하며 유럽 학계의 주목을 받았다. 이 논문은 언어가 가진 구조에 대한 그의 생각이 정리된 첫 논문이자 언어 구조주의의 시발점이었다. 그리고 인생의 말년에 행한 일반 언어학 강의가 그가 죽은 지 3년이 지난 다음 제자들에 의해 『일반 언어학 강의Cours de Linguistique Generale』라는 책으로 세상에 나오면서 그의 언어구조학은 널리 알려지게 되었다. 소쉬르는 언어의 기호와 기호 체계를 연구하여 구조주의를 주장하였는데, 이 연구는 20세기의 가장 영향력 있는 학술로서 여러 학자들에게 지대한 영향을 끼치게 된다. 그의 학술은 20세기 구조주의를 이룩했을 뿐만 아니라 60년대 포스트구조주의 이론의 기반으로 작용했다.

그 학술의 의미와 연구를 간단히 정의한다는 것은 쉽지 않은 일이지만,

그에 따르면 언어의 의미에 접근하기 위해서는 언어가 가진 기능적 관점에 초점을 맞추어야 하며, 언어는 하나의 구조로서 존재하기 때문에 언어를 역사적 흐름으로 접근하여 그 원인을 추적하거나 개별적인 문법 요소를 연구하기보다는 문법적 요소들 간의 관계를 통해 구조를 파악해야 한다는 것이다. 언어학 분야에서 소쉬르의 구조주의 언어학이라는 새로운 학술은 20세기 전반에 언어학계를 지배하며 유럽과 미국에서 각각 새로운 조류를 만들어 내기에 이른다.

20세기에 들어서 이러한 소쉬르의 학술적 주장에 영향을 받아 발전된 학파들로는 크게 제네바 학파, 프라하 학파, 코펜하겐 학파로 불리는 유럽의 3대 학파가 존재한다. 이 학파들은 연구 방법 및 관심 분야가 서로 상이함에도 불구하고, 소쉬르의 학술적 영향 아래 언어 간의 관계 체계와 내적 구조에 대해 기본적으로 공통적인 입장을 취하고 있어서 구조주의 학파로 분류된다.

제네바 학파

제네바 학파(Geneva School)는 소쉬르의 직계 제자들로서 그의 강의를 듣고 『일반 언어학 강의』(1916)를 편찬했던 후계자들을 중심으로 구성되었다. 대표적인 언어학자로는 샤를르 바이이Charles Bally, 1865-1947 :5:, 알베르 세슈에Albert Sechehaye, 1870-1946 :6:, 앙리 프레Henri Frei, 1899-1980 :7: 등이 있다. 이들은 방법론적인 측면에서 소쉬르의 기본 개념을 정리하고 정의하는 데 심혈을 기울였다. 따라서 소쉬르 사상의 실제적인 발전을 이루었다기보다는 소쉬르의 이론을 정립하는 데 크게 기여했다고 볼 수 있다. 소쉬르 사상의 실제적인

:5: 샤를르 바이이
제네바 출신의 스위스 언어학자. 1916년 알베르 세슈에와 함께 소쉬르의 강의록 6개를 엮어 정리한 『일반 언어학 강의』를 발행하였다. 소쉬르의 오랜 공동 연구자로서 구조주의의 산파 역할을 담당하였다.

:6: 알베르 세슈에
제네바 출신의 스위스 언어학자이자 이론가. 1891년 이래로 제네바 대학에서 소쉬르에게 수학했고, 나중에는 교수로서 제네바 대학 강단에 섰다.

:7: 앙리 프레
바아흐(Baar) 출신의 스위스 언어학의 선구자. 1957-1972년 «소쉬르 연구지»의 공동 편집장을 역임했다. 대표 저서로 『문법 오류』(1929)가 있다.

발전은 제네바 학파의 뒤를 이어 1920년대에 등장한 프라하 학파(Praha School)에게서 이뤄졌다.

프라하 학파

1926년에 시작된 프라하 학파는 유럽 구조주의 학파들 중에서 가장 중요한 업적을 남겼다. 대표학자로는 니콜라이 트루베츠코이Nikolay S. Trubetskoy, 1890-1938, 로만 야콥슨Roman Jakobson, 1896-1982, 빌렘 마테지우스Vilem Mathesius, 1882-1945, 보후슬라프 하브라네크Bohuslav Havrànek, 1893-1978, 보후밀 트른카Bohumil Truka, 1895-1984, 세르게이 카르체프스키Serkej Karcevskij, 1884-1955 등이 있다.

이들 중 특히 러시아 명문가의 아들로 태어난 트루베츠코이를 주목할 필요가 있다. 트루베츠코이는 나치의 인종 이론을 비판하는 논문을 발표했다는 이유로 박해를 받다가 1938년 불과 마흔여덟의 나이에 심장 발작으로 요절했지만, 프라하 학파를 이끈 대표적 학자로 그가 연구한 음운론에 의해 프라하 학파는 음운론적 학파로 불리기도 한다. 트루베츠코이는 그의 유명한 저서 『음운론 원리Grundzuge der Phonologie』(1939)에서 '랑그(Langue)'의 음운론(Phonologie) 연구에 치중했는데, 이러한 연구 태도는 소쉬르의 구조주의 언어학에서 차용한 랑그의 전통에 의지하여 음운론을 실제적 연구로 발전시키려 했던 것이다. 랑그란 소쉬르가 처음 사용한 단어로, 언어에서 사회적이고 고정적 측면을 뜻하는데 이에 반해 상대적으로 개인적이며 가변적인 측면을 '파롤(Parole)'이라고 했다. 소쉬르는 랑그와 파롤 중 사회적이고 고정적인 랑그만이 언어학의 연구 대상이 될 수 있다고 보았다.

트루베츠코이의 연구는 한마디로 소리에 관한 연구이다. 언어의 궁극적 목적은 의미 전달이며 그 의미는 소리에 의해서 전달된다. 아무 소리 없이 입만 움직인다고 생각해 보자, 그것은 아무 뜻 없는 우스꽝스러운 퍼포먼스일 것이다. 따라서 언어 연구의 제일 우선 과제는 발음 연구라는 것이다. 그가 주목한 연구 대상은 음절·운율·음소·발성·음의 장단 등인데, 그는 이러한 요소들이 음운 체계를 이루면서 어떠한 목적을 가지고 연장에 놓이는 유기적 전체라고 보았다. 드라마 대본을 누가 어떻게 읽느냐에 따라 의미 전달은 전혀 달라질 수 있는 것이다(물음표가 있는 문장이지만 그것이 정작 묻기 위한 대사가 아닌 경우를 생각해 보라).

트루베츠코이는 이러한 관점을 랑그에 적용시켜 다양한 음들 속에서 기능적으로 체계화하려 하였다. 이러한 그의 연구는 음운 체계를 기능에 집중시켰기 때문에 '기능언어학'이라고 불리기도 한다. 좀 더 구체적으로 살펴보면 음운론이란 모든 언어를 의미 전달을 위한 소리(음)의 구조로 보고, 소리(음)의 기능은 암호화된 소리(음)를 시스템적으로 사용하고 있다고 여기며, 음절(Syllable)·운을 맞추는 것(Onset and Rhyme)·음소(Phoneme – 음성상 최소 단위)·감정이나 의도를 나타내는 발성(Articulatory Gestures)·감정이나 의도를 나타내는 특색(Articulatory Feature)·음의 상대적 길이를 나타내는 단위(Mora) 등을 연구하는 것이다. 오늘날에 와서 음운론은 언어심리학(Psycholinguistics or Psychology of Language)과 같은 학술과 접목되고 있다.

트루베츠코이는 이러한 연구를 통해 많은 학자들에게 영향을 끼쳤는데 그중 이 자리에서 꼭 언급해야 할 가장 중요한 인물이 바로 로만 야콥슨Roman Jakobson, 1896-1982이다. 야콥슨은 트루베츠코이와 함께 프라하 학파를

트루베츠코이

로만 야콥슨

대표하는 학자이지만 그의 인생은 트루베츠코이와 좀 달랐다. 트루베츠코이가 나치 치하에서 불행하게 삶을 마감했다면 야콥슨은 나치를 피해 미국으로 귀화해 미국의 기호학적 연구를 바탕으로 소쉬르의 언어 구조주의를 현대기호학으로 완성시킨 주인공이 되었기 때문이다.

로만 야콥슨은 1896년 모스크바에서 태어나, 1920년 체코슬로바키아의 프라하로 이주하였다가 1939년 미국으로 귀화했다. 그는 모스크바와 프라하에서 언어학회를 결성하고, 미국으로 귀화하기 전까지 프라하 학파에서 트루베츠코이와 함께 연구하면서 프라하 대학에서 강의했다. 그의 연구 분야는 음운론과 문법뿐만 아니라 시학·슬라브 언어학·언어심리학·정보 이론 등에 두루 걸쳐 있으며 이를 통해 여러 방면에 걸쳐 언어학과 인접 과학의 통합을 시도하였다. 그의 저서인 『음성 분석 서설Preliminares to Speech Analysis』(1952)은 소쉬르의 『일반 언어학 강의』, 트루베츠코이의 『음운론 원리』와 함께 구조주의 언어학의 3대 고전으로 여겨진다.

프라하 학파 시절의 로만 야콥슨의 연구는 소쉬르와 트루베츠코이의 담론과 학술적으로 공통된 성격을 갖고 있었지만 미국으로 귀화하면서 그의 연구는 새로운 국면을 맞게 된다. 미국 이주 후 야콥슨은 자신의 제자였던 모리스 할레Morris Halle 1923- :8:와 함께 인간 언어의 보편적 본질을 설명한 『언어의 기본 원칙Fundamental of Language』(1956)을 쓰게 된다. 1967년부터는 하버드 대학 및 매사추세츠 공과대학(MIT) 등에서 강의하며 노엄 촘스키Noam Chomsky, 1928- 같은 미국의 현대 언어학자들에게 크게 영향을 끼쳤다. 그가 모리스 할레와 함께 집필한 『언어의 기본 원칙』은 소쉬르의 기호학과 퍼스의

:8: 모리스 할레

미국의 언어학자로 독일어와 이디시어·라트비아어·러시아어·히브리어에도 능통했다. 라트비아 출신으로 1940년 미국으로 이주해 뉴욕 시립대학에서 공학을 전공하고, 1948년 시카고 대학에서 언어학으로 석사학위를 받았다. 그 후 콜롬비아 대학에서 로만 야콥슨의 제자로서 공부했다. 생성 음운론에서 선구적인 연구를 하였고, 대표 저서로는 노엄 촘스키와 함께 집필한 『영어의 음성 체계』(1968)가 있다.

기호학(3-3장에서 자세히 다룰 것이다)을 합친 것으로 이 연구로 인해 언어기호학은
문화 연구로 변화·발전되고 나아가 현대 기호학의 기초를 확립하게 된다.
야콥슨은 러시아를 비롯해 유럽과 미국을 떠돌며 강의·연구·저술 등 활발한
활동을 펼쳤고, 그의 연구에 의해 많은 학자들이 언어 연구의 전통 속에서
문화 연구의 틀을 발견하게 되었다. 그가 한 다음의 말은 이러한 전이를 적절히
표현하는 것이라 하겠다.

"언어는 나 자신의 문화를 이해하는 것이고, 나의 문화를 보존하기 위해
남들에게 정당화시키는 것이다."

코펜하겐 학파

코펜하겐 학파(Copenhaguen School)는 1931년 루이 옐름슬레우Louis Hjelmslev,
1899-1965와 비고 브뢰날Viggo Brøndal, 1887-1942을 중심으로 결성되어 이름을
알렸고, 프라하 학파에서 활동하던 야콥슨이 합류하면서 발전하게 된다.
코펜하겐 학파에서는 루이 옐름슬레우를 이해할 필요가 있다. 그는 덴마크의
언어학자이자 1937년 코펜하겐 대학 비교언어학 교수로 발트어·슬라브어
연구와 모든 언어에 공통되는 일반 문법학 연구로 큰 명성을 얻게 된다.
1939년에는 언어학 잡지 《언어 실현Acta Linguistica》을 창간하였고, 주요
저서로 『일반 문법의 원리Principes de Grammaire Generale』(1928)와 『언어-그
서설Sproget. En Introduktion』(1963) 등이 있다.

루이 옐름슬레우

그는 ≪언어 이론의 기초 확립에 대하여^{Omkring Sprogteoriens}
Grundlæggelse≫(1943)에서 '글로스매틱스(Glossematics)'라는 독창적인 언어
이론을 제창하였다. 이 이론은 한마디로 언어에서 수학적 원리를 찾는
것이다. 그가 언어에서 수학적 원리를 확립하려 했던 이유는 다음과 같다.
언어는 내부적으로 자동적인 관계가 무한히 이어지며 그 숨겨진 관계성을
이해하는 것이 언어를 이해하는 방법인데, 언어의 기표와 기의의 관계는
상호의존적이어서 그 복잡한 기능을 이해하기 위해서는 이 모든 것을 관통하는
공식이 필요하다는 것이다. 아무리 복잡한 계산도 방정식 안에 들어가면 답을
얻듯이 옐름슬레우는 언어에서도 그러한 수학적 원리를 찾아내고자 했다.

예를 들어 외출을 하려는 아들에게 어머니가 '오늘 날씨가 춥다'고 했을
때, '오늘 날씨가 춥다'는 말은 표현(Expression : Material Substance : Itself)이고, 그
속에 숨은 뜻인 '두꺼운 옷을 입고 나가라'는 내용(Contenu : Mental Concept :
Systems of Signs Outside Itself)이다. 이는 표현의 형식과 내용의 형식이 서로 합쳐진
것으로서 옐름슬레우는 이것을 기호학적 형식(Formation)이라고 하였다. 즉
"기표와 기의의 관계는 자의적이다"라고 설명했던 소쉬르의 이론을 1차적인
것으로 간주한다면, 옐름슬레우는 기표와 기의의 관계를 표현(Expression)과
내용(Contenu)이라는 단위로 전이시키는 2차적 의미 작용에 대한 관계를
말하려 했던 것이다. 따라서 기호는 밖으로 드러나는 표현적 측면과 표현이
함축하고 있는 내용적 측면이라는 두 가지 측면이 내적 상호관계에 놓여
있으며, 언어 자체는 높은 차원에서 서로 의존하는 하나의 조직체(Subordinate to a
Higher Principle of Organization)이기에 그 관계성을 분석해야 한다고 보았다.

이러한 분석은 데노타시옹(Denotation)과 코노타시옹(Connotation)이라는 개념으로 설명할 수 있다. 기표와 기의의 결합에서 의미가 생길 때, 첫 번째 층위가 데노타시옹(Denotation - 외시外示)이다. 이것은 단어 그대로 '상식적인 의미'를 말한다. 그리고 두 번째 층위는 코노타시옹(Connotation - 공시共示)인데, 한 단어의 의미가 사회문화적 제공에 의해 만들어질 수 있는 가능한 의미를 뜻한다. 따라서 코노타시옹은 무수하게 많을 수 있다. 그러므로 코노타시옹은 데노타시옹을 기표로 삼으며 또 다른 기의를 만들어 내기에 2차 의미 작용이다. 기표와 기의를 정하는 것은 전적으로 분석의 기준에 의해 결정되며, 한쪽 층위에서 기표인 것이 다른 쪽 층위에서는 기의가 될 수도 있는 것이다. 이 때문에 옐름슬레우는 그 관계성을 더 이상 분해할 수 없을 때까지 계속 분석해야 한다고 보았다.

이러한 옐름슬레우의 의미 작용은 롤랑 바르트에 와서 세 번째 층위인 신화(Mythology)의 단계로 발전하게 된다. 예를 들어 가수 비(Rain)가 TV에 나왔다고 가정했을 때 첫 번째 층위는 데노타시옹으로서, 비는 '한국의 가수'이다. 두 번째 층위인 코노타시옹으로서의 비는 '섹스어필의 근육질 남성상'이 될 수 있다. 그리고 세 번째 층위인 신화의 단계에서 비는 '한 가수가 만들어 낸 한국 대중음악계의 신화'로 간주될 수 있다는 것이다. 이처럼 기호의 의미 작용에 있어서 두 번째 층위부터는 해석자의 문화적 배경이 작용하는 것을 알 수 있다. 따라서 바르트의 신화적 단계에 와서는 그 의미가 문화적 한계에 지배를 받게 된다는 것을 실감하게 되고 이로써 자연히 문화가 의미 작용의 분석의 대상으로 떠오르게 되는 것이다. 이것은 옐름슬레우가 말했던

분석의 기준에 의해 한쪽 층위에서 기의가 다른 층위에서 기표로 전환될
수 있다는 것을 시사하며 이러한 과정을 거쳐 마침내 바르트는 모든 문화는
기호로 상정할 수 있다는 주장에 이르게 된다.

이처럼 소쉬르의 구조주의적 학술 태도는 제네바 학파·프라하
학파·코펜하겐 학파를 통해 발전하며 유럽 전역을 장악해 나갔다. 그리고
1960년대 바르트에 의해 포스트구조주의가 출현했을 때, 이러한 영향권 안에
있던 동시대 문화 연구가들은 기호학을 문화 연구의 담론에 적용시키면서
학술적 연구에 힘을 더하게 되었다.

3-2
러시아 형식주의와 문화기호학

검증되지 않는 것은 진리가 아니라고 믿던 19세기 과학은 모든 학술 분야에
영향을 미쳤는데 문학도 예외가 아니었다. 20세기 초 유럽에서는 낭만주의와
감성주의를 배격하고, 원인이 되는 어떤 상태가 일어나면 결과적인 다른 상태가
필연적으로 따라 일어난다는 자연과학적 인과율의 법칙을 문학 현상에서
찾아보려는 연구가 벌어지기 시작했다. 결국 철학의 방법이 과학의 방법과
같다고 보며 과학에 의해서 얻어지는 지식의 총체만이 참된 지식이라는
실증주의적 태도가 거세게 확산된 것이다. 이러한 그들의 태도는 문학이
사상과 감정의 표현 또는 사회의 반영이며, 생각이 언어를 지배하고 언어의
의미를 한정한다는 공식으로 나타나게 된다. 이러한 시기에 러시아 학자들은

유럽의 실증주의적 태도에서 벗어나 새로운 차원으로 문학을 발전시켰다. 이것이 바로 러시아 형식주의(Russian Formalism)로, 그들은 문학이 어떻게 만들어졌는가에 대한 연구에 집중하였다.

러시아 형식주의자들은 문학 속에서 시스템의 체계를 찾아내고 분석함으로써 문학의 재발견을 도모하였다. 그들은 언어란 그 안에 내포된 의미의 잠재력을 실현하기 위해 언어의 기호(Verbal Sign)적 자율성을 지향한다고 보았다. 시의 창조적 기능은 언어에서 유추되는 기호적 이미지를 형성할 때 최고의 가치가 있고, 이러한 시의 이미지는 일반 산문의 추상적 분석의 경향을 극복하고 구체성과 통합성을 갖게 되면서 그 시를 수준 높게 만든다고 믿었다. 예를 들어 '깃발'이라는 단어가 가진 의미가 사전적 내용을 넘어서 그 의미의 잠재력을 깃발이라는 시를 통해 기호적 이미지로 형성해 낼 때, 우리가 시 속의 깃발이라는 단어를 통해 또 다른 의미를 발견하는 것과 같다. 이때 시인은 언어에서 유추되는 기호적 이미지를 형성해 독자에게 일반 산문에서는 느낄 수 없었던 구체성과 통합성을 전달하게 되는 것이다. 이러한 작업은 시의 수준을 더욱 높게 만든다.

이와 같이 문학 작품을 시스템으로 분석하는 러시아 형식주의의 연구 태도는 발전을 거듭하여 마침내 소쉬르의 구조주의 언어학과 깊은 연관을 맺었으며, 구조주의가 20세기의 시대적 사조로 인정받는 과정에서 기초 역할을 했다고 할 수 있다. 20세기의 대표적인 구조주의 학자 클로드 레비스트로스Claud Levi-Strauss, 1908-2009와 롤랑 바르트 같은 학자들이 러시아 형식주의 학자인 블라디미르 프로프Vladimir Propp, 1895-1970에게 많은 영향을 받은 것도 이 때문이다.

블라디미르 프로프는 러시아 민담을 연구하여 1928년『민담 형태론Morphology of the Folk Tale』을 출간한다.『민담 형태론』은 이야기 구성이 복잡하기로 유명한 슬라브의 마법담에 관한 연구로, 민담을 구조주의적으로 분석하여 러시아 형식주의가 가진 정통적 방법의 사례를 찾고자 했던 책이다. 기존의 연구가 민담의 기원과 발달 과정에 중점을 둔 것에 반해서 프로프는 구조주의적 관점에서 러시아 민담을 체계적으로 연구하고 분석하여 민담에서의 기호적 이미지를 완성했다.

프로프가 민담을 러시아 형식주의의 사례로 선택한 이유는 민담 속에 수렵시대를 지나서 목축·농경시대로 변화를 거치는 과정에서 나타난 자연숭배와 이에 관련된 제의들이 다양한 상징과 함께 복잡하게 얽혀 그 밑바닥에 깔려 있다고 보았기 때문이다. 그는 다양한 상징들이 녹아 있는 민담의 기본 단위는 그 상징(기호적 이미지)들 간의 '기능'이라고 보았다. 그래서 이 기능적 단위들을 통해 이야기가 전개되는 논리를 파악할 수 있으며, 이야기 요소들이 어떻게 배열됐는지를 아는 것이 민담의 의미를 이해하는 데 영향을 미친다고 보았다.

프로프는 민담에 등장하는 인물들을 중심으로 그 기능을 31가지로 분류하여 각각의 내용을 정의하고 기호를 부여했다. 그는 이러한 분석을 통해서 민담이 31가지의 기능들이 연속하여 배열된 것이라는 결론에 다다르게 된다. 그리고 100편의 민담을 분석하여 민담 속에 등장하는 인물들의 성격을 7가지로 분류하였다. 또 민담에는 '투쟁과 승리'·'과제와 해결'처럼 서로 다른

블라디미르 프로프   『민담 형태론』표지

동시대 문화 연구의 학술적 배경

두 가지 기능이 하나의 쌍으로 나타나는데, 이것은 다시 '투쟁과 승리'·'과제와 해결'이라는 두 쌍이 모두 나타나는 경우와 두 쌍이 모두 나타나지 않는 경우, 각기 한 쌍만 나타나는 경우가 있다는 것을 발견함으로써 민담의 유형을 4가지 시스템으로 분석하였다.

결국 프로프의 이러한 연구와 분석은 구조주의적 연구 방법을 통해서 러시아 민담에 대한 '문화기호학적인 해석'을 시도한 것으로 언어를 중심으로 전해지는 민담을 연구하는 데 있어서 언어 자체가 내포하고 있는 의미와 성격을 고려하지 않았다는 비판을 받기도 했지만, 레비스트로스는 프로프의 민담 형태론을 구조주의 전략의 우수성을 보여 준 뛰어난 연구라고 평가했다. 이렇게 프로프가 시작한 문학에 대한 기호와 문화적 분석의 시도는 이후 1960년대 유리 로트만Yuri Lotman, 1922-1993에 와서 더욱 발전하여 러시아의 '기호학파'와 '문화기호학'의 모습으로 확연히 드러나게 된다.

다음에 열거되는 프로프의 31가지 기능의 연속 배열을 우리가 익히 알고 있는 영화 <반지의 제왕The Lord of the Rings>이나 드라마 <주몽> 등과 연결해 따라가 보자. 놀라울 정도로 이야기의 구조가 일치하고 있음을 발견하게 될 것이다.

프로프의 '31가지 기능의 연속 배열(The Following Sequence of 31 Functions)'

	기능의 정의	기능의 내용	상징적 기호
1	불참(Absentation)	가족 구성원의 한 명이 가족을 떠난다.	$\beta\rangle$
2	금지(Interdiction)	주인공은 어떤 일에서 금지를 당한다.	$\gamma\rangle$
3	금지의 위반(Violation of Interdiction)	주인공이 금지령을 깨뜨린다(악당의 등장).	$\delta\rangle$
4	정찰(Reconnaissance)	악당이 정찰을 시도한다.	$\varepsilon\rangle$
5	전달(Delivery)	악당이 희생자에 대한 정보를 얻어 낸다.	$\zeta\rangle$
6	모략(Trickery)	악당의 모략으로 희생자가 속아 넘어간다.	$\eta\rangle$
7	연루(Complicity)	속임에 넘어간 희생자가 악당을 돕는다.	$\theta\rangle$

8	악행과 결여(Villainy and Lack)	악당이 가족의 구성원에게 해를 끼치거나, 상해를 입히고 가족 중 한 사람이 자신에게 없는 것을 갖고 싶어 하거나, 결여된 것을 채우려 한다.	A〉, a〉
9	중재(Mediation)	주인공은 악당의 악행과 가족에게 결여된 것을 발견하게 되고 요청이나 명령에 의해 파견된다.	B〉
10	반격 개시(Begining Counter action)	악당에게 주인공이 반격을 결심한다.	C〉
11	떠남(Departure)	주인공이 집을 떠난다.	↑〉
12	증여자의 첫 기능(First function of the Donor)	주인공은 악당의 공격으로 시험에 들지만, 이를 통해 마법의 물건이나 증여자를 얻을 수 있는 발판을 마련한다.	D〉
13	주인공의 반응(Hero's Reaction)	주인공이 증여자가 될 사람에게 반응한다.	E〉
14	마법의 물건을 수령(Provision : Receipt of a Magical Agent)	주인공은 마법의 물건을 취하게 된다.	F〉
15	인도(Guidance)	주인공은 찾고 있던 곳으로 인도된다.	G〉
16	투쟁(Struggle)	주인공과 악당이 정면대결 한다.	H〉
17	표시/흔적/ 낙인(Branding)	주인공에게 대결의 흔적·표시 따위의 낙인이 생긴다.	J〉
18	승리(Victory)	악당에게 승리한다.	I〉
19	청산(Liquidation)	처음의 불행이나 결여가 해소된다.	K〉
20	귀환(Return)	주인공이 돌아온다.	↓〉
21	추격(Pursuit)	돌아오는 주인공이 추격을 당한다.	Pr〉
22	구출(Rescue)	주인공이 구출된다.	Rs〉
23	인지되지 않은 상태에 도착(Unrecognized Arrival)	주인공은 계획하지 않은 상태로 집이나 다른 곳에 도착한다.	O〉
24	근거 없는 요구(Unfounded Claims)	가짜 주인공이 근거 없는 요구를 한다.	L〉
25	어려운 과제(Difficult Task)	주인공에게 다시 어려운 과제가 주어진다.	M〉
26	해결(Solution)	어려운 과제가 해결된다.	N〉

27	**인식**(Recognition)	흔적·표시 따위의 낙인에 의해 주인공의 정체가 밝혀진다.	Q〉
28	**폭로**(Exposure)	악당 혹은 가짜 주인공의 정체가 알려진다.	Ex〉
29	**변신**(Transfiguration)	주인공이 새로운 모습으로 변신한다.	T〉
30	**처벌**(Punishment)	악당은 처벌을 받는다.	U〉
31	**결혼**(Wedding)	주인공은 결혼을 하고 보상을 받거나 왕좌에 오른다.	W〉

프로프의 7가지 인물성격(Characters)

1	**악당**(The Villain)	주인공에게 적대적이다.
2	**증여자**(The Donor)	주인공을 준비시키거나 마법의 도구를 준다.
3	**마법사/조력자**(The Magical Helper)	주인공에게 도움을 준다.
4	**공주와 아버지**(The Princess and Her Father)	주인공에게 임무를 내린다.
5	**송달자**(The dispatcher)	주인공에게 결여된 것이 무엇인지 알려 준다.
6	**영웅 또는 희생자/주인공**(The Hero or Victim / Seeker Hero)	증여자와 교류하고 공주와 결혼한다.
7	**가짜 주인공**(False Hero)	주인공을 흉내 내어 공주와 결혼하려 한다.

한편, 러시아 형식주의와 문화기호학에서 반드시 거론해야 할 또 한 명의 학자가 유리 로트만이다. 그는 모스크바-타르투 학파(Moskva-Tartu

유리 로트만

Semioticians)로 알려진 러시아 기호학파를 이끈 지도자이며 이론가인데, 러시아 형식주의와 프라하 학파의 유산을 구조주의 언어학과 결합시켜 문화기호학을 주창함으로써 현대 문화기호학의 시조와 같은 위치에 섰다. 로트만의 '기호학적 문화론 또는 문화기호학'은 기호학적 체계로서의 문화, 즉 총체적으로 작동하는 문화의 기호학적 메커니즘을 탐구하는 학문이라 할 수 있다. 문화의 기호학적 메커니즘이란 프로프가 민담 형태론에서 상징적 기호의 설정과 그 기능 그리고 관계성을 통해 담론을 만들어 내듯이 문화의 현상을 상정하고 해석하여 그 내용과 의미를 찾아내는 방법론이라 하겠다.

유리 로트만은 레닌그라드(지금의 상트페테르부르크) 국립대학에서 문헌학을 전공했으며, 그의 연구 범위는 문헌학을 뛰어넘어 시학·미학·기호학·문화사·신화론 그리고 영화에까지 광범위하게 걸쳐 있었다. 로트만은 에스토니아의 타르투 대학을 중심으로 폭넓은 연구를 통한 성과물을 모아서 최초의 기호학 저널인 ≪저널 기호 체계 연구Journal Sign Systems Studies≫(1964)를 발행함으로써 세계적인 주목을 받기 시작했다. 그는 1970년대 중반부터 본격적인 문화 연구에 몰입해, 다양한 이론적 탐색을 통하여 러시아 문화사에 관한 문화기호학적 연구 결과들을 발표했다.

로트만의 문화기호학은 문화사 기술과 문화의 유형에 대한 연구에서 출발하여 신화·인공지능·문화들 간의 상호작용 문제로까지 발전하였으며, 다양하고 폭넓은 사유로 문화 콘텐츠를 거론하고 문화 체계의 혼종성(Hybrid)과 역동성 그리고 창조성을 강조하였다. 그가 다룬 문화 콘텐츠는 문화와 현상, 문명 간의 대화와 충돌 및 탈식민주의 담론까지 다양하고 광범위하게 펼쳐져 있으며, 문학과 문화 연구에 대한 새로운 발단의 계기를 만들었다는 평가를 받고 있다. 로트만의 주요 저서로는 『시 텍스트 분석Analysis of the Poetic Text』(1976), 『영화 기호학Semiotics of Cinema』(1976), 『예술 텍스트의 구조The Structure of the Artistic Text』(1977), 『푸시킨Pushkin』(1982), 『정신의 우주: 문화기호학 이론Universe of the Mind: A Semiotic Theory of Culture』(1990) 등이 있다.

3-3

미국의 실용주의와 퍼스의 기호학

미국의 과학자이자 논리학자이며 철학자인 찰스 퍼스Charles S. Peirce, 1839-1914는 논리학이 아직 환영받지 못하고 자리를 잡지 못하던 시기에 철학을 통해 논리학적 체계를 보여 주었던 혁명가적인 학자이다. 그는 새로운 논리학 없이는 철학이 성립될 수 없으며, 자연과학이 철학에 의해서 올바르게 정립되어야 한다고 주장했다. 또한 개념이란 그 개념으로부터 나오는 실제적인 결과에 지나지 않으며, 이것이 곧 실용주의의 기본적인 문제라고 여겨 마침내 '실용주의(Pragmatism)'를 탄생시키기에 이른다. 이러한 퍼스의 사상은 윌리엄 제임스William James, 1842-1910 :9: 와 존 듀이John Dewey, 1859-1952 :10: 에게 계승·발전되어 논리학에 큰 발전을 가져왔으며, 버트런드 러셀Bertrand A. W. Russell, 1872-1970 :11: 에게도 큰 영향을 주었고, 말년에 발전시킨 퍼스의 기호학은 후일에 자크 데리다Jacques Derrida, 1930-2004와 같은 학자에게도 영향을 끼치게 된다.

찰스 퍼스

:9: 윌리엄 제임스

미국의 심리학자이자 철학자. 그가 12년간의 저술로 완성한 『심리학 원리』(1890)는 의식의 유동적인 성질에 주목하여 로크 이래로 의식을 정적(靜的) 요소로 보았던 당시의 사고방식을 개혁하였다. '의식의 흐름(Stream of Consciousness)'이라는 용어를 처음 사용하였으며, 독일의 빌헬름 분트와 함께 근대 심리학의 창시자로 불린다. 『프래그머티즘』(1907)에서는 어떠한 관념이든지 그것을 믿는 자에게 효용이 있다면 그 속에서만은 그것이 진리라고 주장하였고, 『근본적 경험론』(1904-1905년경에 발표, 사후인 1912년에 간행)에서는 경험이 바로 실재이며 세계는 물질도 정신도 아닌 '순수 경험'으로 이루어졌다고 주장하였다.

퍼스는 역사학 교수인 할아버지와 하버드 대학의 수학과 천문학 교수였던 아버지 밑에서 태어났다. 그의 절대적 후원자이자 선생이었던 아버지 벤자민 퍼스Benjamin Peirce, 1809-1880는 대학교수였을 뿐 아니라 미국 과학 아카데미, 하버드 대학 관측소, 스미소니언 천문대 그리고 미국 태평양 연안 조사국(United States Coast and Geodetic Survey)을 설립하는 데 기여한 영향력 있는 인사였다. 이런 환경에서 태어난 퍼스는 학교 교육 외에도 수준 높은 가정교육을 받으며 자랐다. 그의 집에는 당시 과학·수학·철학 및 극작계 저명인사들의 방문이 잦았으며, 퍼스는 이들과 함께 토론하는 일상 속에서 성장했다.

그는 1863년 하버드 대학 화학과를 졸업하고 과학자로 활동하며 로렌스 과학학교(Lawrence Scientific School)에서 화학 학위를 받았는데, 그곳에서 윌리엄 제임스를 만났다. 또한 동료들과 함께 1871년 하버드 대학에서 형이상학 클럽(Metaphysical Club)을 조직하여 1879년까지 많은 교류를 나눴는데, 이 클럽을 통해 윌리엄 제임스, 라이트C. Wright, 그린N. St. Green, 법학자 홈즈O. W. Holmes, 피스케J. Fiske 등과 학술적 교류를 나누면서 실용주의를 탄생시켜 그 창시자로 인정받게 된다. 1861년부터 미국 태평양 연안 조사국에서 일했고, 1879년에서 1884년까지는 존스홉킨스 대학에서 논리학 강사를 지냈는데 그 시절에 존 듀이는 대학원생이었다. 퍼스는 또한 은하수 구조에 관한 천문학 연구, 지표면 중력 측정 연구와 정확한 측정을 위한 '스펙트럼 미터(Spectrum Meter)' 등을 제안하며 과학 분야에도 크게 기여하였다. 마침내 퍼스는 존스홉킨스 대학에서 천재 논리학자로 명성을 얻게 되지만, 아들을 천재로 키우려 했던 아버지의 엄격한 교육 탓에 그의 성격은 원만하지 못했다.

:10: 존 듀이

미국의 철학자이자 심리학자이며 교육운동가로 기능심리학을 주창하였다. 서민의 경험을 실용주의로 소화하여 보편적 교육학설을 창출하였다. 대표 저서로는 『확실성의 탐구』(1929), 『경험으로서의 예술』(1933) 등이 있다.

:11: 버트런드 러셀

영국의 수학자이자 철학자이며 논리학자로, 20세기를 대표하는 지성인. 귀족 가문에서 태어나 케임브리지 대학 졸업 후 모교의 강사가 되었으나 제1차 세계대전 때 전쟁을 반대하는 글을 썼다는 이유로 6개월의 구금형에 처해졌다. 『수리철학 개론』과 『정신의 분석』을 썼고, 전쟁 뒤에는 세계 각지를 돌아다니며 철학과 수학에 관한 논문을 발표했다. 『서양 철학사』, 기독교 비평서 『나는 왜 기독교인이 아닌가』를 비롯해 많은 저서를 남겼다. 1950년에 노벨 문학상을 받았다.

비사교적인데다 성격이 괴팍했으며 화를 자주 냈고, 희귀성 신경증까지 앓아 안면통증에 시달리기도 했다. 이 때문에 퍼스는 타의 추종을 불허하는 학문적 업적에도 불구하고 직장과 사회에서는 성공하지 못했다.

퍼스의 일생은 그리 행복하지 않았다. 그는 생전에 철학과 논리학에 대한 독창적인 논문들을 차례로 잡지에 발표했지만 당시로서는 너무나 선구적인 업적이라 일반에게 주목을 받지 못했고, 그 다양한 학술의 방향이 학계의 반감을 사기도 했다. 46세 때는 이혼 및 재혼과 연관된 추문으로 존스홉킨스 대학에서 정규 교수직을 얻지 못하게 되어 결국 학교를 그만두게 되었으며, 50세에 접어들어서는 미국 태평양 연안 조사국에서도 퇴출당했다. 그 후 몇 차례 사업을 시도했지만 실패를 거듭한 끝에 펜실베이니아 주 밀포드(Milford)에 있는 집으로 돌아와 호머의 『일리아스Ilias』에 나오는 모든 여행자의 친구 악실루스Axylus가 살았다는 '아리스베(Arisbe)'의 명패를 자신의 집에 붙이고, 자신을 '논리를 위한 은둔자'로 지칭하며 은거했다. 그 후 가난과 병환 속에서 윌리엄 제임스의 보조를 받으며 살다가 76세에 암으로 죽는다.

그러나 질병과 가난 속에서 보낸 말년에는, 29세 때 썼던 논문 「카테고리의 새로운 목록On a New List of Categories」(1867년)을 발전시키며 '기호의 3분 이론(Triadic Theory of the Sign)'을 깊이 연구하여 퍼스의 기호학(Semiotics)이라 불리는 방대한 양의 원고를 집필하였다. 퍼스의 원고들은 그의 생전에는 미완성이었거나 출간되지 않았다. 퍼스가 죽은 후 그의 두 번째 부인 줄리엣 푸르탈라이가 가난에 쪼들리다 생활비를 벌기 위해 모든 원고를 하버드 대학에 팔았고, 그 후에도 퍼스의 방대한 원고들은 하버드 대학에 감춰진 상태로 오랜 세월 묻혀 있다가, 1931년에서 1958년까지 약 27년에 걸쳐 바이스P. Weiss와 버크스A. Burks에 의해 세상에 출간되면서 마침내 전문가들에게 크게 인정받게 된다.

실용주의는 8세기 말에서 19세기 중반까지 영국에서 유행한 공리주의 :12:를 응용하여 미국에서 시작되고 발전한 철학 사조로, 19세기 후반 퍼스를 중심으로 발전한 기능적 논리학에 근간을 두고 있다. 퍼스를 중심으로 제임스와 듀이 등에 의해 정립된 실용주의 즉 '프래그머티즘'이란 용어는 희랍어의 '프라그마(Pragma)'에서 유래한 것인데, 퍼스에 의하면 명확한 관념이란 추상적인 것이 아니라 필연적으로 실제적인 결과나 가능성을 갖는 것이기 때문에 그 관념의 실제적 결과나 가능성을 고찰해야 한다고 한다. 그는 관념의 목적은 결과를 가능케 하는 것으로 신념을 확립하는 것이라고 하였다. 이는 인식이 경험에서 시작하지만 모든 인식이 경험에서 발생하지는 않으며 자신의 이성적 인식 능력이 합쳐져 진정한 인식을 낳는다는 칸트의 선험철학의 원리를 인용한 것이며, 동시에 영국의 경험론적 전통의 영향을 받아 경험을 환경에 대한 생물의 도전 또는 적응 작용이라 생각하고, 의식과 이성은 이 같은 경험에서 생겨나는 것이지만 적응과 극복은 그 자신을 다시 새롭게 한다는 원리를 적용한 것이다. 실용주의의 형이상학적 주장은 변화의 원리를 말하는 것으로, 퍼스의 이러한 주장은 논리와 분석을 강조하는 변화의 논리학을 요구했다. 그에 반해 윌리엄 제임스의 실용주의는 형이상학과 종교에 중점을 두며 과학과 종교를 결합시킨 세계관으로 발전했다. 그것은 진화론의 방법을 인간의 정신 영역에 적용시킨 사상으로서, 믿음·관념·이론 등은 인간이 환경에

:12: **공리주의**
개인주의와 합리주의를 조화시켜 공리를 증진시키는 것을 행위의 목적과 선악 판단의 기준으로 삼는다.

적응할 수 있는 수단이고, 적응 수단으로서 좋은 것이 옳은 이론이 된다는 것이다.

퍼스가 학문적 토대를 만들어 가던 19세기는 과학의 다양성이 확보되고, 계몽주의가 말기로 돌입했으며, 실증주의(Positivism)의 다양한 모습이 등장했던 시기였다. 이 시기에 젊은 퍼스는 칸트의 『순수 이성 비판Critic of Pure Reasons』(1781) :13:에 크게 영향을 받았다고 한다. 그는 『순수 이성 비판』의 영향 속에서 과학 지식의 가능성을 확보하고 실증주의적 입장을 연계하여 과학 지식을 구성하는 경험의 실체로서 마음의 논리를 찾아내려 했다. 그 결과 퍼스는 과학적 함수 관계의 나열 방법을 응용하여 경험적 비판론을 제시하는 '가추법(Abduction)'을 내놓게 된다. 그러나 퍼스는 칸트의 『순수 이성 비판』의 전개에 영향을 받아 자신의 논리를 펴나가면서도, 칸트의 이원론적 전통 :14:을 파괴하고, 이원론에 담긴 데카르트적 인식론(Cartesian Epistemology) :15:을 비판하였다.

가추법이란 다음과 같은 사례로 설명할 수 있다. 예를 들어서 직장에 나간 남편에게 아내가 전화를 했다고 치자. 그런데 평소와는 다르게 남편이 전화를 받지 않고 끊어 버리는 대응(A)을 했다면, 아내는 남편이 왜 전화를 끊었을까를 생각하게 될 것이다. 그리고 '사람은 중대하거나 바쁜 상황에 있으면 전화를 받지 못하고 끊을 수 있다(B). 그러므로 남편은 바쁜 상황에 있다'고 상정하게 될 것이다. 즉 어떤 이상한 사실 A가 발견되었을 때, 만약 하나의 가설 B가 참이라고 한다면 A는 더 이상 이상하지 않다고 생각하게 된다. 퍼스는 이런 방식으로 가설을 추측해 상정하는 것은 일종의 근거 있는

:13: **순수 이성 비판**
1781년에 간행된 칸트의 비판철학 첫 번째 저서로 철학의 역사에 한 획을 그은 책이다. 이 책은 원리론과 방법론으로 나뉘고, 원리론은 다시 선험적 감성론과 선험적 논리학으로, 선험적 논리학은 또 다시 선험적 분석론과 선험적 변증론으로 갈라진다. 칸트는 이 책에서 인간 이성의 권한과 한계에 대해 질문하면서 형이상학이 학문으로서 성립 가능한지를 묻는다. 인간의 이성은 감성과 결합함으로써 수학이나 자연과학에서 볼 수 있는 것과 같은 확실한 학적 인식(學的認識)을 얻을 수는 있지만, 일단 이 감성과 결부된 '현상'의 세계를 떠나 물자체(선험적 대상: 현상으로서의 물(物)이 아니라 인식 주관으로부터 독립하여 자체적으로 존재하며 현상의 궁극적 원인이라고 생각되는 물 그 자체로서의 본체(本體))의 세계로 향하게 되면 해결이 불가능한 문제에 봉착해서 혼란을 겪지 않을 수 없다고 주장한다. 따라서 초경험적인 세계에 관한 형이상학적 인식은 이론적인 이성으로는 도달 불가능하며, 실천 이성에 의한 보완이 뒤따르지 않으면 안 된다고 하였다.

:14: **칸트의 이원론적 전통**
일찍이 데카르트는 물질의 영역과 정신의 영역을 구분하고 그 둘은 서로 독립적인 영역이라고 규정함으로써 이원론적 사

추리이며 논리라고 보았다. 가추법은 전제가 참이면 결론이 필연적으로 참이 되는 연역법(Deduction)도 아니고 개별적인 특수한 사실이나 현상에서 일반적인 결론을 이끌어 내는 귀납법(Induction)도 아닌 또 다른 논리로, 가설 상정법이라 할 수 있다. 즉 넓은 의미에서 퍼스의 가추법은 귀납법에 속하지만 전제가 참이어도 결론이 거짓일 수 있는 비논증적 추리이기 때문에 상정논법으로 분류되는 것이다.

또한 칸트가 과학적 지식과 사상의 관계를 추상화된 과학과 철학의 관련성으로 보았던 반면, 퍼스는 과학적 지식과 사상의 관계를 구체적인 역사적 단위의 실제 발전 과정과 관련지어 생각했다. 따라서 퍼스의 논리는 정적인 것이 아니라 역동적 체계를 이루는 것이며, 과학을 살아 숨 쉬게 만드는 인지적 측면을 반영한 것이었다. 가추법은 실용적 범주로 단절된 논리 구조가 아닌 가설 발견의 단계로서 연역(새로운 예측)과 귀납(가설 확증 및 반증)과도 연관되어 있다. 이와 같은 퍼스의 논리는 20세기 중엽에 와서 토마스 쿤^{Thomas} S. Kuhn, 1922-1996 :16: 같은 학자가 '불연속성 과학 기술의 진보 이론' :17: 을 설파하면서 더욱 빛을 발하고 있다.

한편 퍼스의 사상 체계 속에서 기호학(Semiotics)이란 우연성과 연속성을 동시에 갖는 우주의 실재를 서술하기 위한 연구이다. 따라서 그의 연구는 기호 그 자체로서 재현(Representamen) ·기호의 대상(Immediate Object) ·역동적 대상(Dynamic Object)에 관한 연구로 진행되었다. 여기에서 퍼스는 '의미'의 문제를 대상과 기호 간의 이항관계가 아닌 해석자가 개입되는 삼항의 관계로 보고 있다. 이런 관계 속에서 기호의 의미는 지속적인 해석의 과정 속에서만

고를 통해 인식론을 완성하였다. 그러나 인간에게서 심신결합의 사실을 인정하지 않으면 도덕의 문제를 풀 수 없기 때문에, 물심분리와 심신결합의 모순 조정에 대한 고민이 시작되었다. 이에 대해 칸트는 이성과 경험이라는 이원론적 큰 틀 속에서 객관적 실재는 인간 정신이 만든 시간과 공간의 구성물을 통해 지각될 수밖에 없기 때문에 경험과 이성 비판을 통해 정신과 물질 개념을 단일한 이론 내에 종합하려 했던 것이다.

:15: 데카르트적 인식론
데카르트의 형이상학적 사색은 이른바 '방법적 회의(懷疑)'에서 출발하는데, 이는 조금이라도 불확실한 것은 모두 의심해 보는 것이다. 그러나 세계의 모든 존재를 의심하더라도 의심을 하는 자신의 존재만은 의심할 수가 없다. 그리하여 '나는 생각한다. 고로 나는 존재한다(Cogito, Ergo Sum)'라는 근본 원리가 『방법서설』을 통해 확립되어, 이 확실성에서 세계에 관한 모든 인식이 시작되었다. 더욱이 정신은 신체 없이도 존재할 수 있기 때문에 심신의 실제적 구별도 확정된다. 이리하여 정신 영역과 물질 영역을 서로 독립된 실체로 세움으로써 이원론에 의한 기계론적 자연관의 기초가 마련된다.

파악 가능하다고 주장한다. 이것은 해석자의 역동적 역할을 의미 파악의 한 요소로 인정하면서도, 주관주의나 상대주의에 빠지지 않고 실재론적 입장을 견지하고자 한 것이다. 예를 들어 재현(Representamen)은 즉각적으로 기호의 대상(Immediate Object - Terms of Feeling)과 연결되지만 그 대상은 역동성(Dynamic Object - Brutal Facts)을 갖고 있는 해석을 유발하는데, 그 해석은 재현과 대상 사이의 어떠한 함축적인 효과로 나타나는 것이 아니라 교묘한(Tricky) 법칙을 통해 나타난다는 것이다.

예를 들어 한 사람이 손가락 끝으로 밤하늘을 가리킬 때(재현), 상대는 하늘과 더불어 그 손가락 끝과 만나는 특정한 별(기호의 대상)을 보게 되며, 그에 대해 일어나는 즉각적 해석(The Immediate Interpretant)은 일종의 느낌(Terms of Feeling)이라 할 수 있다. 그러나 곧이어 그는 하늘을 가리키는 그 손가락 끝에 반응하면서 역동적 해석(The Dynamic Interpretant)을 하게 되는데, 이것은 관계 속에서 벌어지는 동물적 반응실재(Brutal Facts)라고 볼 수 있다. 이러한 경로를 통해 결국 손끝이 가리키는 특정한 별을 바라보면서 그 별(기호의 대상)이 북두칠성이라는 것을 알게 되며, 이것은 기호가 가져다주는 결과적 징후로서 최후의 해석(The Final Interpretant)이다. 퍼스는 이러한 흐름은 일종의 교묘한 법칙인 동시에 우리의 정신 속에 있는 일반적 법칙(General Law)이라고 하였다. 그렇기에 퍼스에게 있어서 기호는 어떤 기능을 소유한 것이 아니고 일반적 현상의 징후(Manifestation)이다. 이것은 기표가 기의를 동반한다는 소쉬르의 개념과는 다른 것으로, 의미(Signification) 속에 역동성(Dynamism)이 살아 있음을 시사하며, 퍼스에 의하면 이러한 역동성은 무한하다.

:16: 토마스 쿤

미국의 과학사학자 겸 철학자. 『과학 혁명의 구조』(1962)는 20세기 사회과학과 인문과학 및 철학 분야에서 가장 널리 읽힌 가장 영향력 있는 저서이다. 쿤은 과학적 진보의 계기가 되는 혁명은 하나의 이론 구조가 포기되고 그것과 양립 불가능한 다른 이론이 그 자리를 대체하는 것으로 이루어진다고 보았다. 그는 이 저서에서 '패러다임(Paradigm)'이란 용어를 최초로 사용하는데, 이것은 주로 '변혁'이라는 말과 함께 기존의 낡은 가치관이나 이론을 뒤엎는 혁명적인 주창을 가리키는 것이었다. 패러다임이란 한 시대 특정 분야의 학자들이나 사회 전체가 공유하는 이론이나 법칙·지식·가치 등을 의미한다. 쿤이 말하는 과학 혁명은 기존의 패러다임이 무너지고 새로운 패러다임에 합의하기까지에 이르는 과학 연구 방법상의 대규모 재조정과 개념 체제를 재구성하는 과정이다.

이렇듯 기호는 실재의 한 구성 요소이며, 우주의 진화와 역사 과정 속에서 변화하고 발전하기 때문에 우리의 사유 역시 그에 따라 연속적으로 변화·발전해 나간다는 것이 퍼스의 기호학이었다. 그의 기호학은 보편적 실재와 객관적 진리의 개념을 포기하지 않으면서도 다른 한편으로는 해석자의 역동적인 역할을 강조하고 있다. 이러한 점에서 후대의 탈형이상학적 포스트구조주의 학자들은 퍼스에게 많은 영향을 받았으며, 동시대 문화 연구가들 역시 이러한 방법론을 적용하여 문화의 해석과 재해석을 반복하며 담론을 이끌어내는데, 이것은 현실적 문화 연구의 역동성을 강조하는 것으로 볼 수 있다.

3-4

20세기 인류학

인류학(Anthropology)은 인간에 관해 연구하는 학문으로서, 인류의 신체적 측면을 연구하는 체질인류학(Physical Anthropology, 형질인류학), 사회·문화적 측면을 연구하는 사회문화인류학(Socio-Cultural Anthropology), 과거의 유물을 통해 인류를 연구하는 고고학(Archaeology), 그리고 언어를 중심으로 연구하는 언어인류학(Linguistic Anthropology) 등으로 나누어지며, 넓게는 민족학(Ethnology)과 민속학(Folklore) 등을 인류학에 포함시키기도 한다. 그러나 오늘날에는 인류학이라고 하면 '사회문화인류학'을 지칭하는 경우가 일반적으로, 이것이 역사학과 구별되는 점은 인류학은 인간과 인간의 활동

:17: **불연속성 과학 기술의 진보 이론**
과학을 이론이 아닌 발견의 역사 과정에서 생성된 결과물로 파악해야 한다는 주장. 쿤은 과학 이론이 개별 이론에 대한 반증을 통해 발전하는 것이 아니며 과학을 이론의 집합체인 구조로 파악해야 한다고 주장했다. 쿤은 과학의 진보 과정에서 나타나는 혁명적인 성격에 초점을 맞추어, 과학사를 지식이 누적되는 역사가 아니라 현상을 보는 관점의 혁명적인 전환이 계속되는 역사로 본다. 쿤은 특히 과학적 진보에서의 '불연속성의 중요성'을 강조하고, 패러다임이 대체되는 것이 과학의 진보라고 파악하였다.

농시대 문화 연구의 학술적 배경

그리고 인간의 생산물에 대한 관찰을 중심으로 연구한다는 점이다. 따라서 인류학은 역사학적 연구를 인간에 관한 총체적인 기록의 일부로 보면서 인류의 생물학적·문화적 발전과 관련된 복합적인 과정을 더 깊이 이해하고 연구하는 학문이다. 또한 인류학은 인간의 신체와 정신의 다양성과 집단적인 차이를 연구한다는 측면에서 생리학 또는 심리학과도 다르다. 즉 인류학자들은 인류 역사의 흐름 속에서 시간과 공간의 관계를 포괄적으로 바라보며 특정 집단과 활동이 갖는 고유한 특성을 연구하고 해석한다.

유럽의 인류학

1859년 찰스 다윈Charles R. Darwin, 1809-1882의 『종의 기원On the Origin of Species』 :18: 이 출판되면서 인류의 진화 개념이 공식적으로 언급되었고, 인류의 발전과 시간의 흐름에 따른 사회문화 발전에 대한 연구가 활성화되었다. 19세기 후반에 와서는 역사 개념이 인류학에 큰 영향을 미쳤으며, 이러한 흐름은 인간 집단이 '야만' 또는 '미개' 상태를 거쳐 '문명인'이라는 특정 단계로 발전하게 된다고 믿게 만들었다. 그리고 이러한 발전의 단계가 문화적 진화를 의미하는 것으로 여겨졌다. 마르크스 역시 이러한 영향력 아래 사회진화론을 주장하며 마르크스주의를 완성할 수 있었다. 그의 이론에 따르면 한 사회의 경제적 생산 양식이 일련의 지배 원리를 결정하게 되고, 이 지배 원리는 생산 양식이 변한 후에도 한동안 지속되는 것이 특징이며, 그 결과로 지배 원리와 생산 양식 사이에 갈등이 일어나 마침내 새로운 사회질서가 생겨나는데 이 과정이 사회의 진화를 의미한다고 하였다.

:18: 종의 기원

1859년 11월에 간행된 영국의 생물학자 찰스 다윈의 생물의 진화론에 관한 저서. 전문 14장으로 구성되어, 변이의 법칙·생존경쟁·본능·잡종·화석·지리적 분포 등 여러 측면에서 자연선택설을 전개하고 있다. 간행 직후부터 종교계의 심한 공격을 받았으나 약 10년간 생물학계에서 확고부동한 지위를 누린, 종교와 신앙에 사상 최대의 타격을 가한 저서로 알려져 있다. 진화론의 골자인 자연선택설이란 생물의 어떤 종(種)의 개체 간에 변이가 생겼을 때 그 생물이 생활하고 있는 환경에 가장 적합한 것만 살아남고 부적합한 것은 멸망해 버린다는 견해이다. 곧 개체 간에 항상 경쟁이 일어나고 자연의 힘으로 선택이 반복된 결과, 진화가 생긴다는 설이다.

이러한 학술적 흐름 속에서 과학과 기술이 앞서 있던 유럽이 식민지 개척에 나서면서 신대륙을 발견하였고, 그곳의 토착문화와의 접촉은 현대 인류학을 발전시키는 계기가 되었다. 초기의 인류학자들은 유럽의 문화와 식민지의 토착문화 사이에 진화라는 개념을 적용하여 강한 문화적 편견을 가지고 토착문화를 '야만' 또는 '원시' 문화로 치부하였지만, 20세기에 돌입하면서 문화적인 편견은 점점 사라지고 사회와 문화의 다양성에 대한 상대주의적인 연구들이 시작되었다.

사회학자 에밀 뒤르켐Emile Durkheim, 1858-1917의 조카이며 프랑스의 인류학자로서 파리 대학교의 민족학 연구소 설립자인 마르셀 모스Marcel Mauss, 1872-1950는 뒤르켐과 공동으로 집필한 『원시 분류Primitive Classification』(1903)에서, 원시인들의 문화 속에 있는 논리적 사고가 부족의 사회 조직 유형을 반영하고 있음을 발견했다고 밝혔다. 또한 그들 사고의 기초는 종교로부터 생겨난 것이며, 종교적 표상들은 그들 사회의 집합적 실체라고 주장했다. 따라서 종교는 사회적인 산물이라고 보았다. 즉 그들의 문화란 종교적·집단적 표현의 산물이며, 그 속의 규칙은 그들의 정신 구조 안에 태생적으로 내재된 것이 아니라 역사적·사회적 요인에 근거해 형성된 것이라는 주장이다.

모스는 또한 1925년에 『증여론Essai sur le Don』을 통해, 인간 사회란 자기조절과 문화통합체계를 보존하려는 집단으로서 '변화하는 환경에 적응하는 총체적인 체계'라고 하였다. 이러한 모스의 주장은 브로니슬라프 말리노프스키와 앨프리드 래드클리프브라운을 비롯해 프랑스의 클로드

마르셀 모스

브로니슬라프
말리노프스키

앨프리드
래드클리프브라운

동시대 문화 연구의 학술적 배경

레비스트로스^{Claude Levi-Strauss, 1908-2009} 같은 학자들에게 큰 영향을 미치는데, 특히 레비스트로스는 모스의 학술을 민족지적(民族誌的) 사유에 있어서 사회적 행위에 대한 경험적 관찰을 넘어 심층적 실체를 찾고자 노력한 연구일 뿐 아니라 사회적 행위를 하나의 체계로 읽은 첫 번째 사례라고 극찬했다.

폴란드 출생의 사회인류학자이자 민족지학(Ethnographic)의 개척자 브로니슬라프 말리노프스키^{Bronislaw K. Malinowski, 1884-1942}는 폴란드 크라코프 대학에서 물리학과 수학을 공부하다가 1910년 영국으로 이주하여 인류학에 대해 본격적으로 관심을 가지고 연구에 몰입하였다. 그는 사회가 반드시 인간의 기본적 필요를 충족시켜야만 한다고 믿었기 때문에, 사회를 이루는 문화의 전체성을 강조하면서 전체로서의 문화를 개개의 문화적 요소로 분해하고 그것을 이론적 가설에 의해 역사적으로 재구성하였다. 그는 뉴기니 동북쪽에 있는 트로브리안드 섬에서 수년간 원시부족을 집중 조사하며 인간 연구에 중점을 둔 민족지적 연구를 개척했으며, 오늘날 인류학의 기초라 할 수 있는 현지 조사(Field Work) 방법 :19: 을 확립하였다. 또한 남태평양 여러 섬들의 부족들 간 상호관계를 연구하여, 종교는 공동체의 결속력을 강화시키는 역할을 하며 주술은 불확정성에 대한 심리적 보증을 해주는 것이라고 주장하였다. 따라서 원시부족들은 세심함과 이성적 사고를 가진 사람들이며, 원시부족과 서구인 모두 위기 상황의 불확정성 앞에서 주술을 사용하는 것은 공통적이라고 보았다. 이러한 그의 주장은 원시부족들을 '비합리적 미개인'으로 보는 서구인들의 편견에 맞서는 것이었다. 또한 그는 문화란 물질적·행동적·정신적인 요소가 서로 유기적으로 관련된 기능적 통합체로서

클로드 레비스트로스

:19: 현지 조사 방법
사회 현상이 실제 일어나고 있는 현장에 가서 직접 관찰하는 사회 조사 방법. 실지(實地) 조사라고도 한다. 사회 현상이 일어나고 있는 모습을 현실성 있게 이해할 수 있다는 장점이 있다. 보통 현지 조사는 한꺼번에 여러 조사지나 집단을 연구하기 어려우므로 하나의 사례만을 대상으로 하는 경우가 많은데, 이와 같은 연구 방법을 사례 연구법 혹은 사례 조사라고 한다. 사례 연구의 대상은 소규모 집단이나 촌락, 부족 등 범위가 비교적 좁은 편으로 주로 인류학 연구에서 이용한다.

닫혀 있는 것이라고 보았기 때문에 서로 다른 문화들 사이의 비교를 통하여 문화의 보편적 이해를 시도하고자 하였다. 이러한 그의 관점은 문화를 궁극적으로 역사주의적인 사고방식에서 벗어나 파악하려 했던 것이었다.

이렇게 문화와 사회의 현상을 현재적 시점에서 조사하고 경험적으로 파악하여 기능적으로 설명하는 학문을 '기능적 사회인류학'이라고 한다. 여기서 기능이란 전체에서 부분의 역할을 뜻하는 것으로, 제도와 관습이란 인간의 생물학적 욕구를 만족시키는 것이며 문화는 이러한 기능들이 상호 관련하여 하나의 통합적 전체를 형성한다는 것이다. 즉 그때까지 인류학의 방법론이었던 기원적이고 역사적인 접근 방법을 기능주의적 접근 방법으로 전환시켜, 특정 사회에 대한 이론 혹은 편견에서 벗어나 사회 현상을 인식하고 그것을 개념화하려 한 것이다.

앨프리드 래드클리프브라운Alfred R. Radcliffe-Brown, 1881-1955은 1906-1908년 케임브리지 대학의 안다만 제도(Andaman Islands-말레이 반도 서쪽 인도령) 실태 조사에 참가했으며, 호주 서부와 아프리카 및 미국의 원주민에 대해서도 실제 조사하였다. 그는 민족문화가 하나의 전체로서 사회생활을 통합하는 역할을 하며 개개의 제도나 관습은 다른 제도의 체계와 상호 관련성을 가진다고 보고, 인류학을 사회규범의 연구에 한정시키며 구조주의 원리를 적용해 기능적 사회인류학을 발전시켰다. 이러한 브라운의 방법론은 당시 영국 사회인류학의 주류를 이루게 된다. 그 역시 기능적 인류학과 현지 조사를 강조한 점에서 말리노프스키와 같지만, 말리노프스키가 인간 연구에 관심을 가진 반면 브라운은 사회적 필요에 더욱 큰 관심을 가지면서 사회 구조의 분석을 사회인류학의 과제로 생각했다. 이러한 관점은 19세기 산업혁명과 더불어 유럽의 전반적인 사회불안으로 인해 에밀 뒤르켐의 『사회 분업론De la Division du Travail Social』(1893) :20: 이 크게 받아들여지면서, 그 영향으로 생겨난 관점이라 할 수 있다. 결국 브라운은 사회 안의 하위 체계가 전체 사회에 긍정적으로 기능한다는 구조기능주의적 관점을 인류학 속에서 발견했다.

이렇듯 마르셀 모스에서 시작된 현대 인류학의 흐름은 1920년대 초에 와서 말리노프스키와 브라운으로 대표되는 '기능적 사회인류학'으로 발전하였고, 이러한 흐름 속에서 1950년대 레비스트로스는 인류학에 구조주의의 인식과 방법을 더욱 적용하였다. 그는 10년간의 아마존 체험을 통해 원주민의 신화·상징·친족 관계 등을 연구하여 문화적 현상들의 구조를 해석함으로써 마침내 구조주의 인류학(Structual Anthropology)을 완성시켰다. 이러한 레비스트로스의 지론은 문화와 문명을 열등과 우등, 현대와 야만이라는 기준으로 나누는 것이 아니라 안과 밖 혹은 사람과 동물과 같은 '이항대립 조건(Binary Classification)'으로 모든 문화를 구조화하여 해석을 끌어내는 것이다. 결국 마르셀 모스에서 시작하여 레비스트로스까지 오면서 유럽 인류학은 인간, 사회 그리고 문화 연구라는 커다란 틀을 제시했고, 이러한 틀은 동시대 문화 연구의 시작에 큰 영향을 미치게 되었다.

미국의 인류학

20세기 초 아메리카 인류학의 아버지로 불리는 프란츠 보아스Franz Boas, 1858-1942는 독일에서 태어나 1942년 미국의 뉴욕에서 생을 마감했다. 보아스는

:20: 사회 분업론

사회적 분업은 인간의 상호 의존관계나 사회적 연대를 강화하고, 기계적 연대(Mechanical Solidarity)로부터 유기적 연대(Organic Solidarity)에 기반을 둔 사회로의 이행(移行)을 촉진시켰다는 것이 주된 내용이다. 뒤르켐은 분업이 진행될수록 집합의식이 약화되고 개인 상호 간의 이질성이 증대하지만, 이것이 사회적 유대 자체를 없애는 것은 아니며 오히려 개인들 간의 상호 의존을 증대시킨다고 보았다. 개인 간의 상호 의존성 증대는 집합의식의 대안적 형태로 나타난다. 곧 분업은 집합의식을 약화시키고 개인성을 증대시키는 동시에 유기적 연대를 촉진한다는 것이다.

어릴 때부터 몸이 허약해서 대부분의 시간을 책을 읽으며 보냈는데, 그때부터 자연과학과 문화사에 깊은 관심을 가졌다고 한다. 1881년 독일의 킬(Kiel) 대학에서 물리학과 지리학으로 박사학위를 받았으며, 미국으로 이주한 후 20세기에 주류를 이룬 '문화중심적 인류학'을 발전시킴으로써 미국을 대표하는 인류학자가 되었다. 북아메리카 인디언 문화와 언어 분야의 뛰어난 연구자였고, 미국 인류학을 발전시킨 학자로서 많은 제자를 양성하였다. 보아스와 그의 제자들은 다양한 문화에 대한 조사 기록을 축적했으며, 아메리카 대륙의 인디언 문화 보존에도 큰 노력을 기울였다. 그는 뉴욕 컬럼비아 대학 교수로 재직하는 동안(1899-1942년) 인류학의 학술적 구분과 기초를 세움으로써 미국의 인류학계에 새로운 업적을 세웠다. 이러한 업적을 이루어 낸 프란츠 보아스를 제자들은 '파파 프란츠'라고 불렀다.

그는 인류학 연구에서 구조주의와 함께 실용주의 역시 필연적으로 적용해야 한다고 여겼고, 진화론 및 우생학 등에 큰 영향을 받으며 친족 형태의 진화, 문명의 진화, 종교의 진화 등을 중심적으로 연구했다. 또한 인종주의 및 유럽 제국주의의 관점에서 발전한 초기 인류학의 근간이 되었던 다윈의 진화론을 부정하고 비판했다. 이러한 그의 연구는 당시 미국의 현실적 문제였던 이민으로 인한 역사관과 새로운 국가관의 부재, 그리고 다민족 사회가 갖는 복잡한 문화 양상에 대해 고민하던 미국의 대중문화 연구에서 실제적 문제 해결을 위한 이론으로 적용되었다. 보아스는 문화에 대한 일반적 법칙을 찾아내기에는 문화적 변수들이 매우 복잡하게 얽혀 있다고 보았다. 따라서 역사 과정에서 하나의 문화가 가지고 있는 여러 요소들이 어떻게 변화해

프란츠 보아스   루스 베네딕트   마가렛 미드

동시대 문화 연구의 학술적 배경

왔는지를 사회적 맥락에서 살펴보아야 한다고 주장하며, 고전적 인류학의 근간이 되는 언어학·고고학·문화인류학·자연인류학 네 가지 접근법의 학술적 구분을 정확히 함으로써 아메리카 인류학의 기초와 맥락을 잡았다.

이러한 배경 아래 1930년대에 와서는 보아스의 제자 중 하나였던 루스 베네딕트Ruth Benedict, 1887-1948가 미국 남서부 인디언에 관한 연구를 통해 문화인류학의 소분야인 '문화심리학'을 완성하기에 이른다. 그녀의 주장에 따르면 문화는 천천히 발전하면서 구성원들에게 독특한 심리적인 성향을 갖게 하는데, 이 때문에 구성원들은 환경적인 요소에 상관없이 당시 그 사회를 지배하는 문화에 의해 현실을 해석하게 된다는 것이다. 이것은 문화와 인성의 상호관계를 연구함으로써 그 사회를 지배하는 문화가 구성원 개인의 문화를 통합하는 과정과 그 속에서 가치체계가 어떻게 정립되는지를 파악한 것이었다.

보아스의 또 다른 제자인 마가렛 미드Margaret Mead, 1901-1978는 보아스의 영향 아래 인류학적 개념에 기초한 문화 연구에 치중하였다. 미드는 특히 보아스가 이민자들 가정에 대한 방대한 조사를 통해 발견한 사실에 근거하여 우생론자 :21: 들과 논쟁하였던 사례로부터 큰 영향을 받았다. 보아스는 18,721건의 다양한 두뇌 형태를 조사하여 미국 이민자들과 미국에서 태어난 자녀들을 비교한 결과, 인간의 두뇌 형태가 인종에 따라 크게 다르지 않다는 사실을 발견하였다. 또한 생물학적 한계가 아닌 빈곤층이 겪는 문화적·사회적 차별이 빈곤층 자녀들의 발전을 가로막아서 부유층 자녀보다 발전이 더디다는 점도 발견하게 된다. 그리고 미국으로 이민 온 자녀들이 어떤 인종이든 상관없이 미국에서 오래 살수록 앵글로색슨형의 두골형으로 바뀌어 간다는

:21: 우생론자
우생학을 근거로 인간 종 사이에는 생물학적인 적자(適者)와 부적자(不適者)가 존재한다고 믿고, 국가적 효율 달성을 위해 정책적 차원에서 부적자를 제거하거나 개선할 필요가 있다는 논리를 주장한 사람들. 우생론자들은 빈곤층이나 사회적 약자를 인종적 퇴화를 일으키는 생물학적 부적자, 즉 타자화(他者化) 함으로써 자신들의 우월성을 확인하고자 하였다. 19세기 말-20세기 초 영국이나 미국에서 소수자나 약자를 사회적으로 배제하기 위한 과학적 근거로 우생학이 활용되었는데, 이는 과학 이론이 정치적 이데올로기와 결탁한 결과였다.

사실 또한 발견하게 되는데, 이것은 인류학에서 유전적 요인과 환경적 요인에 대한 연구를 통해 우생론자들의 주장을 단적으로 부정하는 확실한 근거가 되는 것이었다. 이러한 보아스의 연구에 영향을 받은 미드는 사람들 간의 차이는 유년기에 겪게 되는 문화적 차이에서 기인된다고 보는 문화결정론을 주장하면서, '문화란 사회나 소집단에 의해 학습된 일종의 행위'라고 보았다. 이러한 미국의 인류학을 '문화인류학'이라 부른다. 이들은 실제적 사례 연구를 통한 실용적 관점에서 학술을 펴나가는데, 동시대 문화 학자들은 이러한 태도 역시 수용하게 된다.

3-5
포스트구조주의와 기호 연구

롤랑 바르트는 40년대 후반 루마니아 부쿠레시티 대학 교수 시절의 동료였던 언어학자 그레마스와의 인연으로 구조주의에 눈을 뜨면서 이를 본격적으로 연구하기 시작하여 1960년대에 포스트구조주의의 기초를 확립하게 된다. 1950년대에 문학의 역사성과 사회성에 주목한 『영도의 글쓰기Writing Degree Zero』(1953)와 『신화Mythologies』(1957) 등의 저서를 발표했다. 그는 소쉬르의 기호학을 자신의 분석 틀로 응용하면서 사회에서 의미를 형성하고 구조화하는 집단적 무의식의 기호 체계에 주목하여 현대사회의 이데올로기적 의미의 작용과 과정을 분석하려 했는데, 결국 기호학적 방법론에 깊이 빠져들어 "모든 문화는 기호화할 수 있다"고 단언하기에 이른다.

롤랑 바르트   알기르다스 그레마스

바르트에게 영향을 끼친 알지라 그레마스Algirdas J. Greimas, 1917-1992는 1917년 발트해 연안의 러시아령 리투아니아에서 출생하여 프랑스 그르노블 대학과 파리 대학에서 수학했다. 프랑스 푸아티에(Poitiers) 대학의 교수 시절 강의한 『구조의미론Structural Semantics』은 1966년에 책으로 출판되어 당대에 그 내용이 난해하기로 정평이 났다. 그 이유는 소쉬르·야콥슨·옐름슬레우 등의 현대 언어학과 논리학, 프로이트의 정신분석학, 레비스트로스의 구조주의 인류학, 롤랑 바르트의 신화학, 프로프의 민담 형태론을 비롯해 칸트·헤겔·후설·메를로퐁티 그리고 하이데거로 이어지는 현대 철학에 대한 기본적 이해 없이는 접근할 수 없는 내용이기 때문이었다.

그레마스는 의미의 생성과 이해의 조건을 규명하는 것이 기호학의 본질이라 보고 담론(Discourse)을 분석 대상으로 삼았다. 그의 이론에 따르면 기호란 사물 그 자체가 아니라 사물 또는 사건을 대신하거나 재현하는 것으로서, 마치 국기(國旗)와 같이 스스로는 비어 있지만 외부로부터 가치를 부여받는 존재라고 규정했다. 그리고 인간은 청각·시각·후각·제스처 등의 기호를 사용하여 메시지를 구성하고 의사소통을 이루어 내는데, 이때의 의사소통은 메시지의 송신자와 수신자 사이에서 벌어지는 피드백(Feed-back)을 뜻한다. 이와 같이 그는 커뮤니케이션 그리고 메시지의 재생산에 관한 기호학적 전개에 열중하였다. 결국 의사소통은 인간에게 생존의 필수 조건이며, 여기에서 우리가 메시지를 보내는 수단이 바로 기호라는 것이다. 그리고 담론이란 언어로 쓰인 텍스트뿐만 아니라 비언어적 언어(제스처·그림·상 등과 같은 모든 매체로 이루어진 텍스트)도 일컫는 것으로, 기호학은 담론을 통해 나타난 모든 의미의 생성과 이해의 조건을

:22: 토마스 아퀴나스의 철학
중세 유럽의 스콜라 철학을 대표하는 아퀴나스 철학은 아우구스티누스와 안셀 무스를 거쳐서 형성된 기독교 철학을 독창적으로 발전시킨 것이다. 그는 경험적 방법과 신학적 사변(思辨)을 양립시키며 창조와 존재의 형이상학을 발전시켰다. 이러한 그의 철학은 신 중심의 입장을 유지하면서도 인간의 상대적 자율을 확립하려는 것으로서 중세 사상의 큰 틀이 되었다.

:23: 기호와 커뮤니케이션 그리고 메시지의 재생산에 관한 기호학적 전개
서양사에서 기호학적 의미에 대해 처음으로 주목한 사람은 플라톤이라 할 수 있다. 플라톤은 『대화』 중 <크라티루스> 편에서 이름과 그 이름이 지시하는 대상 사이의 '올바름'에 대해 논하면서 기호적 인식론의 문제(이름은 지칭하는 대상이 존재하지 않는다면 무의미한 것. 즉 이름이 아니라는 결론)를 다루었다. 아리스토텔레스의 『시학』은 단어에 대한 고민을 보여 주고, BC 3세기경 스토아학파(Stoicism)에서는 자연적으로 발생하는 기호(Natural Sign)와 의사소통을 목적으로 특별하게 디자인되는 전통적 기호(conventional sign)사이의 문제를 토론하기 시작하였다. 성 어거스틴은 '기호란 한 개인의 사고를 일반화시키기

규명하는 학문이라 하였다.

   이러한 그레마스의 이론과 구조주의에 크게 영향 받은 바르트는 기호학적 방법론을 연구의 틀로 사용하고 발전시킴으로써 사회와 문화적 담론 그리고 기호적 의미의 중요성을 강조하는 포스트구조주의를 제창하게 되었고, 1970년대 들어서는 미셸 푸코Michel Foucault, 1926-1984·자크 데리다Jacques derrida, 1930-2004·자크 라캉Jacques Lacan, 1901-1981·줄리아 크리스테바Julia Kristeva, 1941- 등 동료 포스트구조주의자들과 서로 영향을 주고받으며 포스트구조주의 학술의 큰 흐름을 형성하게 된다. 이러한 포스트구조주의의 흐름을 통해 여러 분야에서 담론과 기호 연구에 관심을 갖게 되는데, 프랑스의 기호학자 크리스티앙 메츠Christian Metz, 1931-1993는 소쉬르의 구조주의 이론을 영화기호학에 적용시키고 프로이트의 정신분석학과 라캉의 '거울의 단계'를 대중영화의 담론 분석에 적용함으로써 세계적인 명성을 얻었다. 또 이탈리아의 석학 움베르토 에코Umberto Eco, 1932-는 토마스 아퀴나스Thomas Aquinas, 1224-1274의 철학 :22: 과 중세를 배경으로 한 소설에서부터 현대의 대중문화와 가상현실에 대한 담론에 이르기까지, 미학·기호학·문학·문화 비평 등의 영역에서 이론과 실천의 경계를 넘나들며 모든 문화와 사회 전반에서 기호와 커뮤니케이션 그리고 메시지의 재생산에 관한 기호학적 전개 :23: 에 열중하였다. 결국 포스트구조주의의 영향과 이러한 학술적 흐름은 동시대 문화 연구자들에게 '사회와 문화적 담론 그리고 기호적 의미'의 중요성을 실감하게 하였다.

위해 말하거나 기록하는 것'이라 생각하였다. 그 후 1670년 헨리 스텁스는 그리스 철학에서 기호의 해석자(Interpreter of Signs)를 뜻하는 'Semeiotikos'라는 말에서 따온 'Semiotics'를 증상을 해석하는 의학용어로 사용하였다. 그리고 1690년 존 로크의 『인간의 이해에 관한 에세이』에서는 기호화의 과정을 연구하는 것은 새로운 논리이며, 기호학이란 기호를 분석하고 그 시스템의 기능을 연구하는 것으로 인식하게 되었다.
미국에서는 찰스 피스에 와서 논리학은 형식기호학(Logic is Formal Semiotic)이라는 주장과 더불어 논리학과 기호학 사이에서 '기호'·'기호의 대상'·'기호의 해석'에 관한 연구가 진행되었고, 유럽에서는 소쉬르에 의해 구조주의와 언어 연구 사이에서 'Semiology'라는 이름으로 연구가 이어졌다. 그 후 로만 야콥슨이 미국으로 건너가면서 기호학의 연구가 더욱 활발해지고 유럽의 'semiology'가 미국의 'semiotics'와 자연스레 공통 연구 과제를 갖게 되면서 현재 기호학을 'Semiotics'로 통칭하고 있다.

3-6

코드, 재현, 담론 그리고 전이

지금까지 들여다본 학술의 흐름이 동시대 문화 연구의 학술적 배경으로 크게 작용하게 됨에 따라, 동시대 문화 연구가들은 인류학의 영향권 아래 문화를 '사회의 모든 행동 양식'으로 여기게 되었으며, 구조주의와 기호학의 영향으로 사회의 모든 행동 양식의 과정과 생산을 '의미와 재현'의 기능적 관계로 보게 되었다. 따라서 사회의 행동 양식을 특정 기호의 체계(Sign, Code)로 표현하고자 했으며, 포스트구조주의의 흐름을 따라 그 기호의 체계 속에서 담론적 추론과 분석을 끌어내어 실용주의적 관점에서 역동적으로 의미의 전이를 이루려는 자신들의 연구 태도에 타당성을 부여하게 된다.

우리나라에서는 1990년대 들어서서 강남을 배회하는 일부의 사람들에게 '오렌지족'이라는 표현을 썼는데, 이것은 그들의 행동 양식을 특정한 기호 체계로 표현한 하나의 사례이다. 이처럼 하나의 행동 양식을 사회와의 관계 속에서 문화적으로 발견될 수 있는 의미로 구분하여, 특정 기호(Sign) 또는 코드(Code)로 설정하게 되면 그 기호는 담론적 성격을 가지며 추론을 유발한다. 그리고 담론적 추론을 통해 그 의미는 역동성을 지니며 또 다른 의미를 향한 여행을 하게 되는 전이 현상이 벌어진다.

초기의 오렌지족이라는 기호의 체계는 당시 압구정이라는 지역을 누비며 호사스럽고 자유분방한 생활을 즐기는 일부 몰지각한 젊은이들의 행동 양식을 의미하는 것이었다. 그러나 오렌지족이라는 코드가 담론적 추리를 거치면서 단순히 '호사스럽고 자유분방한 생활을 즐기는 일부의 몰지각한 젊은이들의 행동 양식'을 의미하는 것 외에도, 우리 사회에 '종래에 없었던 새로운 계급 집단의 형성'이라는 사회 현상을 문화적 기호 체계 속에 놓이게 만든 것이다. 그리고 이러한 기호 체계는 엄밀한 분석을 거치면서 우리나라의 사회적 현실 속에 오렌지족이라는 특정 집단과 그 반대편에서 그들을 적대시하는 임의의 집단이 있으며, 이 과정에 권력 구조와 계급의식의 문제가 존재한다는 의미로 발전될 수 있다.

다음 단계는 오렌지족이라는 코드 스스로가 문화적 욕망을 갖게 됨에 따라 그들의 호사스러운 모습과 자유분방한 사고방식이 새로운 삶의 방식이요, '강남 문화'라는 새로운 이름으로 자기중심의 권위적 코드를 갖게 되면서 또 다른 기호 체계가 사회 구조 속에 생산된다. 따라서 기존의 의미에서 중심의 이동이 일어난다. 기존에 존재하던 문화 코드(Code)를 디코드(Decode) 하고, 그에 따라 전혀 새로운 문화 코드(Recode)가 자리 잡게 되는 것이다. 이처럼 기호 체계의 재현과 전이의 여행은 권력 구조와 사회 구조에까지도 관여하더니 그 의미는 재생산되고 전이되어 새로운 의미를 갖게 된다.

여기에서 기호 체계는 권력 구조의 변화에 매우 민감하게 반응하는데, 그 해석의 각도는 일방적으로 자기중심적 관점에 치우치기 쉬우며 그에 따라 역사적 의미의 해석도 달라진다. 서양의 식민지 역사 속에서 키플링Rudyard Kipling, 1865-1936이나 포스터E. M. Forster, 1879-1970 :24: 같은 작가들은 문학 작품을 통해 동양인들을 '미개한 인디언', '겁쟁이', '연약한 남성' 또는 '비겁자'와 같이 서양에서 다루어지지 않는 인간들의 모습으로 묘사하며 하나의 다른 인간 유형으로 재현하여 서양인들과 구별된 기호 체계를 만들기도 했다.

:24: E. M. 포스터
20세기 영국을 대표하는 작가 중의 한 사람. 케임브리지 대학 재학 중 학내의 자유주의 그룹에 참가하였다. 빅토리아 왕조의 도덕이나 가치관에 반발하고 그리스 문명을 동경하였다. 그들의 모임은 나중에 '블룸즈버리 그룹'으로 발전하여 당시의 지도적 문화 서클이 되었다. 졸업 후 이탈리아에서『천사가 두려워하는 곳에』(1905),『가장 길었던 여로』(1907),『전망 좋은 방』(1908) 등의 작품을 썼다. 1910년에는 가장 원숙한 작품으로 평가되는『하워즈 엔드』를 썼고, 1924년에 발표한 대작『인도로 가는 길』에서는 동서 문명의 대립과 이해의 어려움을 상징적으로 그렸다.

1990년대 호사스럽고 자유분방한 문화로
해석되던 오렌지족의 출산지에서 부유층의
상징으로 해석되는 강남 문화로 그 의미가 이동한
압구정동

일제 치하에서 1945년에 해방의 역사를 맞이한 우리들 역시 일본인들을
'쪽발이'라고 부르며 그들의 모습에 우리의 감정을 섞어 재현했던 적이 있다.
더불어 한국전쟁에서 중국의 인해전술에 당한 후에는 중국인을 '되놈'이란
표현으로 유형화시키기도 했다. 이것은 다분히 자기중심의 일방적 관점에
치우친 것이며 자신의 문화적 권위를 부각시키기 위한 행위이다. 이러한 표현
속에는 우리는 옳고 그들은 그르다는 대립적 관계를 나타내는 개념이 담겨
있으며, 이러한 태도는 다분히 권력 구조의 지배를 받는다. 이것은 사회에서
문화적·역사적으로 발견될 수 있는 하나의 의미를 구별된 기호 체계로
담론화하고자 하는 것으로 볼 수도 있다.

　이처럼 문화는 기존 코드에서 새로운 코드로 이동하는, 즉 한곳에 멈춰
있을 수 없는 특성을 가졌고 끝없이 새로운 담론으로의 여행을 즐긴다. 다시
말해서 초기의 기호 체계는 담론적 추리와 분석(Discursive Analysis)을 거쳐

다시 코드의 해체 또는 해독(Decoding)을 겪으면서 의미상의 변화를 가져오고 또 다른 담론으로 이동하게 되는 것이다. 이처럼 문화는 코딩-디코딩-리코딩(Coding>Decoding>Recoding)의 과정을 거치며, 추리적 분석(Discursive Analysis)에서 해석(Interpretation)을 거쳐 문화적 정당성(Cultural Legitimation)을 획득한다.

한편 문화 코드의 연속적 전이의 흐름은 각기 다른 정체성들 사이에서 그 경계를 끊임없이 부수고 재창조하며, 우리에게 문화의 교구화(Parochialize), 정치적으로 인본화(Human-politanize) 나아가서 세계화(Cosmopolitanize)를 경험하게 만든다. 그러나 우리는 이 흐름과 경험 속에서 결국에는 각자의 절충주의적 입장만을 취하게 된다. 예컨대 90년대 초 '오렌지족'이 만들어지고(문화의 교구화), 이내 '강남 문화'를 대표하며 정당화되더니(인본화), 결국 외국인들에게 한류의 '부유층 문화'로 소개되지만(세계화), 받아들이는 외국인들은 그들의 입장에서 '서양 문화의 지방화'라는 태도로 흡수하게 되는 현상(절충주의)을 생각해 볼 수 있다. 또 다른 사례로, 90년대 초 댄스음악이라는 장르가 만들어지고(문화의 교구화), 이내 한국 청소년 문화를 대표하게 되더니(인본화), 결국 한류라는 이름으로 발전되어 세계무대에 상품화되어(세계화) 수출되었지만, 한류를 받아들이는 상대국들은 그들의 입장에서 흡수하게 되는 것(절충주의)도 생각해 볼 수 있다.

동시대 문화 연구의 학술적 배경

동시대 문화

4

문화 엘리트주의와 동시대 문화 연구의 성격

이 장에서는 60년대 초 동시대 문화 연구소가 출범했던 시기 이전의 영국 문화 연구의 정황을 들여다본 후, 동시대 문화 연구의 전반적인 성격을 살펴보고자 한다. 그리고 문화 연구의 새로운 방법을 찾기 위해 60년대 초부터 70년대 말까지 동시대 문화 연구소를 이끌었던 네 명의 학자들이 가졌던 각기 다른 관점과 지론들을 살펴봄으로써 영국 사회 속에 문화 연구가 어떠한 경로를 통해 하나의 학술로 확실히 서게 되는지를 파악하고자 한다. 이러한 내용을 들여다보는 것은 결국 우리만의 문화 연구 방법을 찾아가기 위한 하나의 사례 연구가 될 것이다.

4-1
문화 엘리트주의

문화 엘리트주의는 문화를 일반적 수준을 뛰어넘는 교양과 같은 정신적 산물로 여기며 문학적 성격을 강하게 띤 인문학적 연구 태도에서 시작한다. 바로 매튜 아놀드와 프랭크 리비스 같은 학자들이 문화를 일반 수준 이상의 정신적 산물로 보았으며, 우월적 태도를 바탕으로 교육받은 소수가 문화를 주도하며 대다수를 교화시킬 의무가 있다고 주장하였다. 이 같은 이론은 인류 문명의 발달이 일부 지식인들에 의해 진행되어 왔으며, 그것은 지식인들의 당연한 역할이고 기능이라는 내용에 근간을 두고 있다(모던 사회가 엘리트주의에 빠져 있던 것과의 연관성을 짐작해 볼 수 있다).

　　매튜 아놀드Matthew Arnold, 1822-1888는 그의 책 『문화와 무정부Culture and

매튜 아놀드　　　프랭크 리비스

Anarchy』(1882)를 통해 이러한 이론들을 정립했다. 그는 문화와 문명에 대해서 각각 문화는 정신적 발전의 상태로, 문명은 물질의 발전 상태로 구분하였다. 그리고 문화란 인간의 정신적 내면에 관한 연구와 발전이자 사고의 표현인 동시에 지식 체계라 말하고, 나아가서 도덕적·사회적으로 유익해야 한다고 믿었다. 또한 아놀드는 19세기 산업사회의 발달로 새로운 집단 즉 노동계급이 형성되었고, 이에 상응하는 노동계급의 문화가 만들어졌으며 이 문화는 고급문화에 위협을 가하는 존재라고 생각했다. 그는 이러한 노동계급 문화의 발생과 흐름이 기존 체계를 와해시키는 정치적 태도로서 지금까지 믿어 오던 문화에 무질서를 초래하고 지식적 체계와는 거리가 먼 무정부적 태도를 지닌 것이라 치부했다. 그러나 20세기가 진행되며 산업사회가 주류 사회 현상이 되고, 수적 증가로 인해 노동계급의 위치가 확고해짐에 따라서 아놀드가 말하던 고급문화주의는 쇠퇴했고, 문화의 전반적 모습은 '하향평준화' 되어 갔다.

이러한 시대적 흐름에 대해 프랭크 리비스Frank R. Leavis, 1895-1978 같은 학자는『대량 문명과 소수 문화Mass Civilization and Minority Culture』(1930)와 『위대한 전통The Great Tradition』(1948)과 같은 책을 통해 문화의 쇠퇴가 심각한 상태에 와 있다고 진단하였다. 그리고 아놀드가 언급한 문화와 정치와의 상관성을 도입하여 문화적 위기에 적용하면서, 17세기 이전의 문화는 상업적 이해관계에 오염되지 않은 문화로서 위계질서에 기반을 두고 지적 자극을 주는 한편 감정적으로도 즐거움을 주는 문화였다고 말한다. 또 이것은 지식인·교양인·일반인 모두가 즐길 수 있는 문화였다고 주장한다. 또한 과거의 노동자들은 노동 속에서 생활하며 그들의 삶을 즐겼고,

여가를 재창조의 시간으로 사용하며 공동체 의식과 모습을 재창출하는 '레크리에이션(Recreation)'의 문화를 가지고 있었던 것에 반해 산업혁명 이후의 문화는 소수의 문화와 대량 문화로 나뉘었고, 대량 문명은 고급문화를 타락시키고 교육받지 않은 다수에 의해 소비되는 상업문화를 만들어 냈다는 것이다. 그러면서 이러한 문화는 대중을 무지몽매하게 만들며 창조력을 떨어뜨리고 결국 '레크리에이션(Recreation)'을 '디크리에이션(Decreation)'으로 바꾸어 놓았다고 비판했다. 따라서 문화적 엘리트를 구성하여 대중을 교육시켜야 할 의무가 있다고 주장했다.

리비스가 말하는 대량 문화의 질병적 예를 들어 보면, 문학성이 낮은 대중 연애소설 같은 것은 분별력을 상실한 몽매한 군중들에게 연애의 환상을 꿈꾸게 만들며, 이는 결국 실생활에까지 영향을 미쳐 부적응을 가져올 수 있고, 진실된 감정과 책임 있는 사고에 걸림돌이 될 수 있다는 것이다. 대중소설은 독자들에게 오락과 보상심리를 자극하는 것으로서 중독적인 요소와 현실도피 그리고 부적절한 경향에 빠지게 만들어 재창조와는 정반대의 개념으로 작용한다는 것이 리비스의 주장이다. 그는 대중을 환상에 빠뜨리고 감정에 호소하는 대중영화의 경우는 더욱 더 위험하다고 강조했다. 또한 리비스는 산업사회에서 대량 소비를 일으키기 위해 시작된 광고는 끈질긴 공약으로 침투하여 우리를 마비시키는 속임수라고 비하했으며, 끝내 이 속임수에 넘어간 군중들은 대리 인생을 살게 되는데 이것은 문화 질병의 증후라고 비판하였다.

뉴욕 대학에서 강의를 하던 90년대에 저자는 이따금 한국에서 유학 온 학생들을 만날 수 있었다. 그런데 한국에서 갓 건너 온 유학생들의 일부는 갑작스런 생활 태도의 변화를 보이며 무분별하고 문란한 생활에 빠지는 경우가 종종 있었다. 한번은 이런 태도를 보이는 한 유학생에게 걱정스레 충고를 했더니, 그 학생은 저자의 충고에 대항하듯 할리우드 영화를 통해 인식된 미국인들의 문란한 연애관을 강조하며 그것이 당연한 미국인의 모습이라 항변했다. 또 다른 예로 저자의 부끄러운 실례를 고백하자면, 미국으로 이주한 80년대 초 저자 역시 처음으로 만나 사귀게 된 미국 학생들과 의사소통을 하면서 어떤 식의 태도와 행동을 취해야 할지 알 수 없어 힘들어했던 경험이 있다. 즉 서로 다른 두 문화 사이에 존재하는 관습적인 태도와 행동에 대해 분별이 서지 않았던 것이다. 결국 저자는 미국으로 이주하기 전에 푹 빠져 있던 할리우드 영화에서 배운 미국인들의 말투와 태도를 흉내 내며 그들에게 친밀감을 표현했다가 한동안 이상한 사람이라는 평가를 받아야 했다. 누구에게나 한번쯤은 있었을 법한 이러한 실제의 경험에 비추어 볼 때, 리비스가 지적한 대중영화의 위험성이 무엇을 뜻하는지 짐작할 수 있을 것이다. 리비스는 지식적 체계가 잡혀 있지 않은 노동계급에게 수준 높은 교육이 필요하다는 것을 강조하며 교육을 통해서 노동계급의 정신적 수준을 끌어올림으로써 무정부적인 노동계급의 문화를 탈피하고 고급문화를 통해 국가의 이상을 제시해야 한다고 주장했다. 또한 이러한 교육은 노동계급에만 한정된 것이 아니고, 귀족층에게는 산업사회라는 새로운 세계관의 교육을 통해 사회의 변화를 인식시켜 과거의 계급체제를 그들의 역사에서 소거할 수 있다고 믿었다.

　이처럼 리비스는 고급문화주의를 통한 새로운 사회 질서와 권위 확립의 필요성을 강조하였는데, 이것은 첫째, 문화를 고급문화와 노동계급의 문화라는 이분법적 사고에서 본 것이며, 두 번째는 문화를 예술과 같은 수준 높은 정신적 산물로 접근한 것이고, 세 번째는 인간의 생활 양식을 상징적 체계의 문화로 접근한 것으로서, 일종의 문화 엘리트주의라 하겠다. 이러한 주장을 피력하던 리비스의 이론은 모더니즘이 힘을 잃어 가던 50년대까지 거의 주도적 역할을 하였다.

4-2
수정주의와 사회현실문화 연구

'토대가 상부구조를, 의식이 존재를 규정한다' :25: 고 주장한 마르크스의 사상은 20세기가 무르익으며 교조주의적 성향이 강하게 대두되면서 적잖은 반감을 불러일으키고 있었다. 동시대 문화 연구소(CCCS)는 20세기를 지배했던 핵심 사상인 마르크스주의를 부정할 수는 없었지만 동시에 그들의 문화 연구는 끊임없이 마르크스주의의 직접적인 영향에서 벗어나 새로운 길을 모색하려 하였다. 이들은 이데올로기와 문화 영역의 상대적 자율성과 그 중요성을 강조하고 인간의 삶과 실천은 경제적으로만 규정되는 게 아니라고 주장하였다. 이러한 그들의 관점은 마르크스주의에 크게 영향을 받아 노동계급과 산업사회라는 관점은 견지하고 있었지만 마르크스적 결정론에 대해서는 유보적 입장이었던 것이다.

　동시대 문화 연구가 이러한 태도를 가진 데에는 몇 가지 이유를 생각해

:25: **토대가 상부구조를, 의식이 존재를 규정한다.'**
마르크스주의의 밑바탕이 되는 주요 명제. 인간의 의지와 무관한 물질적 생산 관계의 총체가 사회의 경제적 구조인 토대를 이루고, 그 위에 정치적 상부구조 가 세워지면서 그에 상응하는 사회의식이 형성된다. 즉, 경제적 생산양식이 사 회와 정치 일반을 규정한다는 것이다.

볼 수 있다. 첫째로 마르크스주의와 산업혁명에 의해 노동계급이 등장했지만, 결국 마르크스주의의 경제결정론에 의지하여 형성된 신부르주아 계급과 그들이 주도하는 대량생산과 상업주의가 문화의 가치를 타락시키고 있다는 윌리엄 모리스William Morris, 1834-1896 :26: 의 주장을 외면할 수 없었던 점, 둘째로 마르크스주의가 유럽을 주도하고 있던 상황에서 자신들의 연구가 정통 마르크스주의의 일부로 자리매김되는 것을 피하기 위해 마르크스주의 학자들로부터 독립하기를 바라던 점, 셋째로 당시 사회의 새로운 세계관과 의식을 받아들인 젊은이들이 유럽을 지배하던 낡은 사회관과 과거의 문화주의에 저항하기 위해 일으킨 68학생운동과 같은 저항적 문화 흐름이 노동자 운동으로까지 이어지면서, 대학 구조의 개편에서부터 노동 인권 문제에까지 영향을 미치게 된 반권위주의적 사회 현상에 영향 받은 점 등을 들 수 있다.

그리하여 이전에 문화를 주도하던 리비스의 고급문화주의에 저항하고 마르크스주의의 경제결정론에서 빠져나와 문화 연구에 루이 알튀세르의 구조주의적 마르크스주의를 인용하는가 하면, 마침내 안토니오 그람시의 이론을 통해 현실 사회의 문제를 연구함으로써 동시대 문화 연구를 차별화시킬 수 있었다. 이처럼 마르크스주의와 구조주의를 배경으로 하면서도 신좌파의 그람시주의를 차용하는 것을 주저하지 않았던 그들의 태도는 사회와 현실의 변화를 반영한 수정주의적 태도로서 '사회현실문화 연구'라고 여겨지기도 한다.

:26: 윌리엄 모리스
영국의 공예가 겸 작가. 옥스퍼드에서 수학하고 건축가를 꿈꾸다 회화로 전환했으나 나중에는 장르에 국한되지 않고 모든 실내장식 미술을 다루었다. 1861년 친구들과 실내장식 상회인 '모리스마샬-포크너 상회'를 설립했다가, 1875년 모리스가 단독 경영하게 되면서 '모리스 상회'로 개칭하였다. 1877년 처음으로 '장식예술'이라는 주제로 강연을 하고, 고대건축보존협회를 설립하는 등 사회 활동도 벌였다. 모리스는 시인으로서도 이름이 나 있었는데, 문학에서 추구하던 유미주의적 경향은 공예가로서의 중세 예찬과 맞물리면서 점차 19세기 문명에 대한 비판이라는 형태를 취하게 되었다. 기계문명의 폐해에 시달리며 노동의 기쁨을 상실한 시대의 변혁을 위하여 한때 정치 활동에도 투신하였다.

4-3

문화의 생산과 분배 그리고 전개와 수용

동시대 문화 연구가들은 이전의 문화 연구라 할 수 있는 문화 엘리트주의가
갖고 있던 문학적 성격의 연구 태도에만 종속되지 않았다. 그들은 당대 모든
학술의 영향 아래서 인문학과 사회학의 경계를 모호하게 접목시키며 문화
연구의 영역을 넓혀 나갔다. 특히 사회현실문화 연구라는 취지 아래 이론과
현실의 경계를 뛰어넘으려 했다.

　이로 인해 형성된 그들의 연구 태도는 첫째, 인문주의에 기초하는 프랭크
리비스가 자신의 문화 연구(문화 엘리트주의)에서 주장했던 전통과 문화의 도덕적
비판을 의심하며 둘째, 부르주아 휴머니즘에 기초함으로써 산업사회가 만들어
낸 경제적 결정론에 의해 문화 연구가 주도되는 것을 비판했다. 셋째, 문화의
이데올로기적 성격의 문제들을 다루되 문화 이데올로기가 만들어져 가는
과정과 의미작용(Signification)에 대해 이론적으로 분석하고 비판했다. 넷째,
문화의 형성이 계급 관계를 재생산하는 역할을 하고 있음을 인식하여 문화와
계급이라는 현실적인 과제를 다루었다. 요약하면 이전의 문화 연구를 비판하고
문화의 가치가 만들어져 가는 과정과 의미화에 연구의 초점을 맞추고, 문화의
헤게모니적인 실천을 강조하였던 것이다. 따라서 이들은 문화의 '전개와 수용'
그리고 '생산과 분배'에 이르는 일련의 과정을 연구하고 분석하며 비판하는
것을 문화 연구의 내용으로 여겼다.

　문화의 '생산과 분배'라는 관점에서 그들은 소위 고급문화로 간주되는
지배층 문화와 저급문화로 간주되는 하위문화 사이의 상이점과 독창성에

관한 문제를 비교·분석하였다. 지배층 문화로 간주되는 미술관(Museum) 속의 성(Sex)의 재현과 하위문화에서 나타나는 성적 이미지 사이의 상이점과 독창성 등을 어떻게 볼 것인가 하는 연구와 분석을 하나의 예로 들 수 있겠다. 또한 '전개와 수용'이라는 관점에서는 하나의 문화가 지배 문화로 살아남기 위해 지적인 연구와 결탁하여 정치적 영향력 아래 어떠한 형태로 권력과 관계를 맺고 있는가에 관심을 가지고, 정치적 차원에서 문화의 작용과 내용을 연구하였다. 예컨대 백인들이 흑인 음악에 반응하는 태도에 대한 이유와 정치적 관계성 등을 연구하거나, 학교나 직장 등의 조직에서 젊은 학생들이 만들어 가는 문화의 저항적이고 정치적인 태도를 연구하는 등의 내용이 이에 속한다. 이것은 문화 연구가 사회 구조적인 차별 속에 나타나는 정치적 관계성을 연구하는 것을 뜻한다.

이와 같은 그들의 태도는 루이 알튀세르의 영향을 받으며 구체화된 것으로, 알튀세르는 '차별적 관계성(Differential Relations)'을 인식하는 것이 곧 그 사회와 문화를 이해하는 열쇠가 된다고 하였다. 그러나 이와 같은 관계를 인식하기 위해 구조 자체가 결코 우선 순위가 될 수는 없는데, 그 이유는 구조 자체에는 정치적 자율성이 존재하기 때문이다. 그러나 알튀세르는 사회 구조의 복잡한 관계 속에 존재하는 정치적 자율성을 'Effectivity(효현성)'이라고 강조하면서도 마지막 결과는 경제에 의해 결정된다고 주장하며 마르크스주의를 고수했다. 다시 말해서 한 사회가 가진 자율적 관계성을 인정함으로써 거시적으로 보이는 사회 구조가 그 자율성에 의해 변화된다고 생각하면서도 결국은 그 모든 것이 경제적 생산물에 의해 결정되며 역사가 진행된다고 본 것이다. 그리고

루이 알튀세르

이와 같은 흐름에서 관계적 자율성 자체는 사회 구조의 실체이며, 그 속에서 구별되는 차별적 관계성을 연구하고 이해할 때 사회와 문화를 이해할 수 있다고 주장했다.

그러나 동시대 문화 학자들은 알튀세르의 이러한 주장을 부분적으로 거부하면서 수용했다. 즉 문화의 '생산과 분배' 그리고 '전개와 수용' 속에서 '차별적 관계성'이라는 과제를 연구하면서도, 마지막 결과를 결정짓는 것이 경제라는 알튀세르의 주장에는 동의하지 않았던 것이다. 이러한 연구 태도는 동시대 문화를 연구하는 학자들 사이에서 끊임없는 내부적 갈등을 불러일으키면서 확립되었다.

4-4

문화와 헤게모니

이처럼 알튀세르의 학술이 동시대 문화 연구소(CCCS)에 영향을 끼치면서도 그들이 내부적인 갈등을 겪고 있을 무렵, 정치적 행동주의자이며 마르크스주의 철학자이자 이탈리아 공산당의 창립자인 안토니오 그람시Antonio Gramsci, 1891-1937 :27:의 사상이 스튜어트 홀과 에드워드 톰슨의 관심을 끌게 된다. 그람시는 서로 다른 사회계층과 계급 사이의 관계들을 찾아내 연합할 수 있는 사상적 기반을 찾고자 노력한 끝에 '헤게모니(Hegemony)'로 대표되는 기본 사상을 만들어 낸다. 헤게모니란 권력을 사용하지 않고 사회에 자리 잡게 되는 정신계를 의미하는 것으로, 사회의 역사와 기본 구조를 비평적으로 이해하는

:27: 안토니오 그람시

1891년 이탈리아의 식민지였던 사르데냐(Sardinia) 섬에서 태어난 그람시는 고향의 민족주의적 배경 아래 급진적 성향을 지니고 성장한다. 청년기였던 1917년 그는 러시아에서 볼셰비키 혁명이 벌어지자 크게 감동을 받아 레닌이 어떻게 볼셰비키(다수 혹은 군중)들을 교육시켜 사회주의 혁명에까지 다다를 수 있었는지 알고자 했다. 그리고 1919년 중반까지는 레닌이 소비에트(평의회)를 통해 군중을 교육하고 혁명적 의식을 심었다고 보았다. 그리하여 그람시는 국가권력을 장악하기에 앞서 상공업 도시 토리노의 노동자들 속에 공장평의회를 만들고 교육을 통해 사회주의 문화를 창조하고자 했다. 그리고 1921년 마침내 이탈리아 공산당 창립발기인이 되어 노동계급의 정치에 깊이 관여하였다. 그람시는 도시와 시골, 농민과 노동자 그리고 봉건사회와 산업사회의 구조들 사이의 문제가 이탈리아 남북의 종속관계와 불균형을 가져올 뿐 아니라 지역적·문화적·민족적 차이를 더욱 심각한 계급의 문제로 확산시킨다고 인식하고, 이탈리아만의 특수한 상황 속에서 헤게모니 사상을 정립하는 활동에 투신했다. 그러나 1922년 무솔리니의 파시즘이 승리하고 독재정권이 들어서면서 체포되어(1926) 투옥되었으며(1928-33), 석방 후 정신병원에서 일생을 마쳤다.

문화 엘리트주의와 동시대 문화 연구의 성격

로마에 있는 안토니오 그람시의 묘

핵심 사상이다. 헤게모니가 만들어지는 과정은 계급의식이 결핍된 지배 세력과
개척 세대가 여러 다른 경계를 오가며 '타협적 평형 상태'를 이루는 과정으로,
진정한 지도력이란 노동계급과 함께 일반적이고 도덕적인 동의를 이루어 가는
협상 과정 속에서 만들어지는 헤게모니를 통해서 성취될 수 있다고 믿었다.

　　그람시는 영국과 프랑스에서 자유민주정치가 성공할 수 있었던 이유는
바로 이와 같은 과정이 있었기 때문이라고 보았다. 따라서 '협상(Negotiation)'과
'동의(Consent)'를 통해서만 헤게모니(Hegemony)를 이해할 수 있으며,
아이디어·가치·믿음 따위는 헤게모니의 과정을 뛰어넘을 수 없다고 보았다. 즉

헤게모니의 과정은 계급 간의 갈등과 대립을 협상하는 것에서 나타난다. 이는 계급투쟁의 '타협적 평형 상태 또는 타협을 통한 균형(Compromise Equilibrium)'을 의미한다. 다시 말해서 사회구성원이 모여 집단을 형성해 가는 과정에서 어떤 아이디어 혹은 이데올로기적 지표가 사회를 결정하고 구성원을 모아 집단을 형성하는 것이 아니라, 구성원들 사이에 자율적 대화와 소통이 타협을 이끌어 내고 이로 인해 공통적 동의가 생겨날 때 그것이 헤게모니이며, 한 사회의 평형 상태와 균형은 권력이 아닌 바로 이러한 헤게모니를 통해 완성된다는 것이다.

이러한 그람시의 사상은 1937년 그가 죽은 후에도 유럽 지식인들의 관심 속에서 활발히 연구되었고, 당시 마르크스주의의 교조주의적 흐름에 반기를 들고 알튀세르의 경제 결정론적 입장에서 벗어나고자 했던 동시대 문화 연구 학자들에게는 결정적인 돌파구가 되었다. 그들은 헤게모니가 만들어지며 뚜렷한 형태를 갖추는 것, 즉 갈등과 타협 속에 자리를 잡는 것이 바로 동시대 문화가 만들어져 가는 현상이라고 보았으며, 또한 이와 같은 과정을 통해 사회의 도덕과 지적 수준을 인도하게 된다고 믿게 된 것이다.

4-5

하위문화 연구와 크로스컬처

이러한 영향 속에서 동시대 문화 연구는 파벌주의(Parochialism)와 백인남성 중심주의(Anglocentrism) 사이의 분석, 종족과 성 차별의 계급론, 그리고 도시문화와 지방문화의 풍습까지도 분석하고 비교하며 헤게모니 사상을 문화 연구 속에 확장해 갔다. 특히 이들의 연구는 버밍엄(Birmingham)과 런던(London)이라는 대도시 문화권을 중심으로 이들 도시의 위치적 특성과 변방의 문화를 비교하면서 노동계급·여성·흑인·소수민족 등의 주변부 문화와 하위문화 연구에 집중되었다.

여기서 하위문화(Sub-culture)란, 어떤 사회에서 일반적으로 볼 수 있는 행동 양식과 가치관을 전체로서의 문화라고 할 때, 그 내부에 존재하면서도 독자적 특질을 갖는 부분적 문화를 말하는 것으로 '서브컬처'라고도 한다. 이것은 전체 사회 속에 있는 특정한 계층이나 집단이 담당하는 독특한 행동 양식 및 가치관으로서, 이른바 '문화 속의 문화'라 할 수 있다. 동시대 문화 연구는 이러한 하위문화에 대한 연구를 진행하여 보편화시킴으로써 문화 연구의 새로운 전기를 마련하게 된다.

동시대 문화 연구에서 진행된 하위문화의 대표적 연구 사례로 뮤직비디오나 텔레비전 프로그램에 관한 연구를 들 수 있다. 그들은 60년대 초기의 뮤직비디오였던 'Pop Promo Film'과 같은 가볍고 쉬운 텍스트(Text)를 기호학적으로 접근하여 그 예술적 관점을 조명하며 담론화시킨 연구를 선보였는데, 당시 이러한 연구는 다분히 음악 애호가들을 위한 소수집단(Minorities)적 성격을 띠고 있었기 때문에 이 연구는 하위문화(Subculture) 연구로 분류되기도 하였다.

그러나 동시대 문화 연구가들은 이러한 연구를 소수의 하위문화로 치부하지 않고 이를 이용해 대중을 공략하기 시작했다. 이는 당시 문화 연구의 기본 틀에서 볼 때는 새로운 충격이었다. 하위문화를 통해 대중을

1960년대 BBC 방송의 코미디 프로그램
<사이즈메터>. 부자와 키 큰 사람의 그림자에 가려진
로니 콜벳

공략하고자 했던 동시대 문화 연구가들에게 발판이 되어 준 무대는 바로
영국의 공영방송 BBC였다. 1960년대 중반까지 BBC는 그야말로 영국의
귀족과 일부 상류층을 위한 방송이었다. 그러던 것이 60년대에 들어와 타겟을
대중으로 전환하고, 당시 노동자이며 대중으로 간주된 일반인의 관점에 맞춘
방송 콘텐츠를 전격적으로 다루기 시작했다. 이때 동시대 문화 연구소에서
진행하던 하위문화 연구의 내용들은 BBC 방송의 콘텐츠를 개발하는 데
더없이 좋은 소스로 활용되었다. 이는 곧 대중을 TV 앞에 불러 모으는 효과를
발휘하여 BBC 방송은 돌파구를 마련하였고 동시대 문화 연구소는 사회적
인지도를 얻게 되면서 자신들의 연구에 대한 일반의 인식을 확대시킬 수
있었다.
　　그리고 이는 사회 구조 속에서 자연스럽게 크로스컬처(Cross-culture)
현상을 일으키게 된다. 당시 이러한 현상은 대중 선동정책(Popularism)이라는
비난을 받기도 했지만, 소수의 하위문화에 관한 연구가 대중과 미디어를

이용하여 다수가 공유하는 보편성을 만들어 냄으로써 하위문화(Sub-culture)와 전통문화(Traditional Culture) 또는 상위문화(High-culture) 사이의 격차를 극복하게 된 계기로 작용하기도 했다.

어쨌든 이러한 시도는 시간이 흐르면서 더욱 보편화되어 문화들 사이의 격차가 극복되었고 결국 후일에 대중문화로 인식되는 노동자 중산층의 문화를 세계적 문화의 흐름으로 제시하는 데에까지 이르게 된다. 그러나 국제적 관점과 관계성에서 바라볼 때는 문화들 사이의 격차를 극복하고자 했던 동시대 문화 연구의 기본 틀은 왜곡되었다고 할 수 있다. 그 이유는 동시대 문화 연구가 영국인 자신들이 가졌던 영국 문화에 대한 기초와 이해를 중심으로 연구를 펴나갔기 때문에, 실제적으로 연구의 중심은 항상 백인 사회·중산층 계급·남성문화에 초점을 맞춰 새로운 문화의 유형을 정당화시켜 가며 결국 영국 대중문화의 기본적 원형으로 자리 잡게 했기 때문이다. 따라서 국제관계 속에서 볼 때 유럽 문화 중심적인 이해를 근거로 주변 문화와의 관계성을 이끌어 낸 동시대 문화 연구는 다분히 서양의 문화와 문명이 주도를 하는 식민주의(Colonialism)적 혹은 후기 식민주의(Post-colonialism)적 색채가 짙었고, 비서구 문화권에서는 그 편향성을 인정하기 힘들었던 것이다.

한편 동시대 문화 연구의 이러한 모습은 마르크스주의자들에게 크게 비난을 받게 된다. 그들은 동시대 문화 연구가 마르크스주의를 수정한 것에 불과하며 자본가와 노동자 그리고 지주 등으로 구분되는 계급론을 변질시켜 불투명 계급론, 다시 말해 확실한 계급론의 구분을 지을 수 없는 성이나 인종과 같은 불투명한 계급론을 논하고 있으며, 이들의 문화 연구가 너무도 안이한 타협과 긍정적 화해로 방향을 잡고 있다고 비난했다. 또 사회 구조를 형성하는 기본 요소인 문화는 역사를 형성하는 요소로 중요하게 작용함에도 불구하고 역사적 근거가 미흡하며 극히 이상주의적인 것으로 전락시켰다고 주장했다. 이에 대해 동시대 문화 연구 학자들은 변방과 하위 집단의 저항적 움직임을 연구하여 그들의 움직임이 지배계급 집단에 어떤 영향을 미치며 반영되는지에 대해 연구하는 것은 무엇보다 중요한 일이고, 그들의 투쟁과 반영은 지역과 계급 간의 경계를 만들어 내는 데 가장 중요한 과정이며 그 자체가 바로 문화이고, 따라서 동시대 문화 연구는 무엇보다 실제적인 근거를 제시할 수 있는 타당성 있는 연구라고 반박했다.

이와 같은 동시대 문화 연구는 대처Margaret H. Thatcher, 1925- 수상의 임기(1979-1990) :28: 동안 더욱 활발히 진행되어, 미국·캐나다·프랑스· 호주·인도 등 여러 나라로 퍼져 나가며 각기 다른 전이 과정을 거쳐 다양화된 모습으로 나타나게 된다. 동시대 문화 연구가 전이되는 초기 과정에는 현저하게 다른 두 가지의 모습이 나타난다. 첫째는 문화 연구에서 정치적 이슈보다 미적 가치관과 기호학적 아이디어에 관심을 집중하는 모습이었다. 이러한 모습은 미국과 같이 정치적·경제적으로 어느 정도 안정된 지역에서 나타났다. 둘째는 상대적으로 정치적 성격을 띠고 종속집단과 주변부의 담론에 관한 연구에 집중하는 모습이었는데, 이러한 모습은 정치적으로 완전히 변방에 몰려 있는 특정 지역에서 나타났다. 그리고 1980년대와 90년대를 거치면서 각 나라의 문화 연구는 더욱 다양화되어 각양각색의 모습으로 꽃을 피우게 된다.

:28: 대처 수상의 임기

1970년대 이윤율 하락에 따른 서구 자본주의의 불황, 1973-74년의 제1차 석유 파동, 74년에 집권한 노동당의 정부 공공지출 확대·공공부분의 비효율성· 국제 수지와 관련된 영국 경제의 구조적 취약점·수출 증가율 저조·식량 및 원자재와 중간재 대부분을 수입에 의존·무역수지 악화·물가안정 실패·파운드화의 가치 폭락 등으로 70년대 영국은 IMF를 맞았다. 그 후 영국 경제가 공식적으로 IMF 관리체제를 탈피한 것은 1977년 9월이었지만, 본격적인 경제 개혁 작업이 이루어진 것은 대처 수상의 임기 기간이었던 1980년대였다. 소위 대처리즘(Thatcherism)이라고 불린 이 시기에 대처는 이전에 노동당 정부가 고수해 왔던 각종 국유화와 복지 정책 등을 포기하고 민간의 자율적인 경제 활동을 중시하는 머니터리즘(Monetarism)에 입각한 강력한 경제 개혁을 추진하였다.

5

동시대 문화 연구가들

동시대 문화 연구를 이끈 대표적 학자들은 네 명이다. 1950년대 말, 영국 문화 연구의 중심에 있던 리처드 호가트, 레이몬드 윌리엄즈, 에드워드 톰슨, 스튜어트 홀이 그들이다.

1964년에 와서 리처드 호가트 교수가 동시대 문화 연구소(Centre for Contemporary Cultural Studies: CCCS)를 버밍엄 대학 인문학부의 영문학과 소속으로 설립하면서 이들의 연구는 더욱 발전한다. 호가트 교수는 레이몬드 윌리엄즈·에드워드 톰슨과 함께 연구소의 이론적 기초를 세웠고, 1972년 스튜어트 홀에 이르러 문화 연구는 더욱 학술적으로 확립되면서 독립 기관으로 자리 잡는다. 70년대 이후에는 이들의 연구 활동과 업적이 미국을 비롯해 캐나다와 호주 그리고 영연방 국가들에게까지 영향을 미쳤고, 1980년대에 와서는 미국의 대학들이 '문화 연구'를 대학 제도 속에 교과 과정으로 편성하면서 동시대 문화 연구의 중요성이 부각되었다.

영국의 ≪뉴 레프트 리뷰New Left Review≫ 편집장을 지내다가 1968년 동시대 문화 연구소로 부임하여 책임자를 지낸 스튜어트 홀은 1972년에 동시대 문화 연구소를 완전한 독립 기관으로 분리시켰다. 그는 1971년에 문화 연구를 60개의 논문과 10개의 이슈로 정리한 저널 형식의 책을 펴내기도 했으며, 문화 연구의 이론적 틀을 완성하기 위해 부단한 노력을 기울이며 주변 국가들에 영향을 주다가 1979년 동시대 문화 연구소를 떠났다. 그 후에는 리처드 존슨Richard Johnson과 조지 로레인George Lorrain이 연구소를 맡아 주변 여러 국가들에 지속적인 영향을 미쳤다. 그러나 사이버 이론가이자 페미니스트인 사디 플랜트Sadie Plant, 1964-, 정보사회와 문화의 관계를 연구하던 프랭크 웹스터Frank Webster, 1950- 같은 학자들을 마지막으로, 동시대 문화 연구소는 2002년에 결국 문을 닫게 된다.

　동시대 문화 연구소가 그 모습을 갖추기까지 60년대에서 80년대라는 20여 년의 시간 동안 연구소를 이끌던 이론가들 사이에서 상이한 관점과 주장들이 충돌하며 진행되었음을 간과할 수 없다. 따라서 동시대 문화 연구소 이론가들의 차이와 관점들을 돌아봄으로써 한국적 문화 연구의 방법론을 찾아가는 데 지혜로운 선택을 할 수 있는 하나의 사례로 삼아야 할 것이다.

5-1
리처드 호가트

동시대 문화 연구소의 초대 소장이었던 리처드 호가트Richard Hoggart, 1918-
1985는 당시 영국의 사회적 상황을 고려하여 전쟁 후의 새로운 사회의식과 문화의 재건을 주창했고, 일반 대중의 의식 구조를 새로이 확립시킬 수 있는 성인 교육(Adult Education)의 필요성을 강조하며 훌(Hull) 대학에서 성인들의 문화교육을 담당하였다. 그 후 1964년 버밍엄 대학에서 동시대 문화 연구소(CCCS)를 설립하고, '영문학과 사회(Literature and society)'라는 강연을 통해 문화 연구의 방향을 설정했다. 그 방향은 첫째 역사적·철학적 방법, 둘째 사회학적 방법, 셋째 문학비평적 방법이었다. 호가트는 이것들을 통합시키고 문화의 평가 및 정의에 대해 연구하되 문학적 분석의 역할을 중시하고, 문학적 색채를 짙게 띠면서도 인간 중심의 정서 구조(Structure of Feeling)와 관련된

리처드 호가트

연구에 집중할 것을 강조하였다. 예컨대 『채털리 부인의 사랑Lady Chatterley's Lover』(1928)에 대한 호가트의 논쟁을 생각해 볼 수 있다. 데이비드 로렌스David. H. Lawrence, 1885-1930의 소설이었던 이 작품은 영국에서 1929년 인키 스테판슨Inky Stephensen이 사적인 인쇄를 통해 보급했을 뿐 1960년대까지 정식 출판은 금지되었다. 이 책은 영국 사회에서는 악명이 높았는데, 그 내용이 노동자와 귀족계급의 육체적 사랑과 정신적 분리에 대해 다루었기 때문이다. 호가트는 이 작품을 논쟁의 이슈로 만들었다. 이 책의 내용을 통해 영국 사회의 현실과 문학의 가치 그리고 인간의 정서에 관한 이야기를 하고자 한 것이다. 호가트는 이러한 논쟁 속에 당대의 학술들과 사회적 배경을 대입시킴으로써 사람들로 하여금 역사의식을 가지고 인류학적 맥락 속에 문화적 생산물을 바라보도록 유도했다.

그는 저서 『교양의 효용The Uses of Literacy』(1957)을 통해 영국의 역사에서 1930년대의 문화(전쟁 이전의 계급의식과 엘리트문화)와 1950년대(노동계급 문화)를 비교했는데, 이 둘의 관계를 서로 충돌하면서 상대의 문화적 지배력을 쟁탈하기 위한 일련의 계급투쟁 과정으로 보면서 그에 따른 문제점들을 조명하여 하나의 지적인 학문의 형태로 보여 주려고 노력했다. 또한 미국의 대중문화가 어떤 사람들에 의해서 형성되었고, 어떻게 적용되는가 분석함으로써 미국의 대중문화에 열광하는 노동계급의 실태와 문제점을 분석하였다.

호가트는 문화란 사회의 모든 구조·의식·행위 및 전통적 예술 형태까지 포함하기 때문에 문화의 정의는 다양할 수밖에 없다고 생각했다. 과거에는 소수 엘리트 계층이 누려 오던 고급문화만을 문화로 지칭해 왔기 때문에 일반적으로 예술과 같은 한정된 개념으로 문화가 이해되어 왔다는 것이다. 그는 노동계급이 미술관에 가거나 음악회를 찾는 것 같은 행위는 전통적으로 예술을 즐기는 행위로서 일상생활과는 직접적인 관련이 없으며 오히려 일상으로부터의 도피 행위라고 해석했다. 예술은 우리의 삶 속에 존재하는 부차적인 놀이이며 우리의 진실된 삶은 거기에 있지 않다는 것이다. 예술은 엘리트주의 안에서 삶의 의미와 다양성을 재창조하여 질적 가치의 정당성을 보여 줌으로써 문화적 주도권을 잡아 가지만, 노동계급의 문화는 예술적인 것과 대중매체 사이에서 만들어지며 그들의 삶과 연계되어 있기 때문에, 가족 구조·대화 방식·사회 활동 그리고 부의 축적 사이에서 교묘하게 만들어져 간다고 보았다.

또한 기술 혁신에 의한 대량복제술이 대중예술의 출현에 크게 기여하였고 이러한 대중예술의 출현으로 과거에 문화로 지칭되던 고급문화와 대중문화의 구분이 생겨났다고 말했다. 초기 대중문화는 대중이 즐길 수 있는 일반화된 내용으로 저렴한 대중매체를 통해 소비자들에게 전달되었고, 이 때문에 대중문화에 대한 평가는 대중들 사이에서 민주적으로 이루어지는 장점을 가지고 있었다. 그러나 한편으로는 당시 대중들의 높은 문맹률과 낮은 교육 수준을 감안해 그들의 기호에 맞춰야 했기 때문에 대중문화는 통속적이고 오락적인 내용들을 담을 수밖에 없는 단점을 지녔다는 것이다. 이 때문에 대중문화는 당시 기득권층이었던 엘리트 사회로부터 저급한 문화로 취급받았다. 그러나 산업사회의 발전과 새로운 테크놀로지의 등장과 함께 대중문화는 끊임없이 성장하며 20세기의 주류문화로 자리 잡았고, 고급문화는 오히려 순수예술과 문학 등으로 분류되어 일반 대중들의 존경을 받으며 신비감과 권위를 갖게 되었다고 하였다. 이러한 주장을 통해 호가트는 20세기 문화는 더 이상 관찰하고 음미하는 '소비'의 대상이 아니라 '삶의 역동적인 과정' 그 자체라는 발상의 전환을 보여 주었다.

그러나 호가트는 제2차 세계대전 이후 대량으로 침투되기 시작한 미국의 대중문화(팝 뮤직·텔레비전 프로그램·만화·싸구려 소설 등)에 대해서는 계급의식과 엘리트 문화에 대항하며 문화적 투쟁을 하고 있는 영국의 노동계급 문화와 크게 다르다고 주장했다. 미국 대중문화의 내용을 진부하고 허세를 부리는 표피적인 것으로, 미국 대중문화의 침투를 일종의 문화적 후기 식민화(Post-colonial Culture)로 규정한 것이다.

5-2

레이몬드 윌리엄즈

철도 노동자의 가정에서 태어난 레이몬드 윌리엄즈Raymond Williams, 1921-1988 :29:는 영국 노동계급 출신의 대표적인 신좌파 학자이다. 윌리엄즈는 문화에는 절대적 혹은 보편적 가치를 뜻하는 이상적 문화, 기록된 텍스트와 실천 행위로 이루어진 문화, 그리고 특정한 삶의 방식을 묘사하는 문화가 있다고 주장하였다. 여기에서 삶의 방식으로서의 문화란, 현실과 사회 구조 속에서 보통 사람들의 삶의 방식의 의미를 연구하고 분석하는 문화주의의 기초로서의 문화를 말한다. 그는 '구조'란 극히 사회적인 것이며 인간을 제한하고 더불어 다른 사람을 경멸하게 만들 수 있다고 하였다. 인간은 구조를

:29: 레이몬드 윌리엄즈
1946-1960년 옥스퍼드 대학에서 성인 교육(Adult Education) 과정을 담당했으며, 이후 스탠포드 대학 정치학과 초빙교수, 케임브리지 대학 연극과 교수를 역임했다. 『문화와 사회』(1958), 『기나긴 혁명』(1961), 『텔레비전: 기술과 문화의 형태』(1975) 등 다수의 저서에서 문학을 비롯하여 텔레비전과 기타 대중문화 형식에 이르는 다양한 문화를 분석하며 문화 연구에 큰 기여를 하였다. 호가트와 더불어 동시대 문화 연구의 기초를 세웠으며, 세계대전 이후 성인들에게 사회와 문화에 대한 새로운 가치관을 확립할 교육이 절실했던 당시의 영국 사회에 큰 영향을 주었다. 호가트와 마찬가지로 윌리엄즈 역시 산업혁명기 영국인의 의식 속에 문화가 어떻게 도입되고 변화했는가에 대해 연구했는데, 과거 문화에 대한 향수와 낭만적 태도를 갖고 있었음에도 고급주의 문화에만 국한하지 않고 인간 언어와 행동 등에 관한 실제적 연구를 통한 현실문화 연구를 강조함으로써 리비스의 문화 엘리트주의 전통에서 벗어나려 했다.

벗어나려는 감정을 갖고 있는 능동적 존재이기 때문에 필연적으로 구조와 감정 사이에서 생겨나는 갈등관계에 놓이게 되며 그로 인해 생겨나는 갈등의 산물이 바로 '감정 구조'로, 이것은 특정한 집단이나 계급, 사회가 공유하는 가치라고 주장했다. 즉 마르크스주의와 같은 사회 속의 이데올로기를 지지하는 일종의 가치란 보통 사람들의 가치와 노력을 경멸하는 데 쓰일 수 있으며, 그것을 나쁜 것으로 규정하도록 할 수 있다는 것이다.

윌리엄즈는 우리가 명명하는 '대중'이란 개념은 존재하지 않으며, 보통 사람들이 곧 대중이고, 싸구려 대중문화도 고급문화와 마찬가지로 가치 있게 보아야 한다고 하였다. 그는 고급문화의 가치 기준이 이상적 구조에 의지하고 있다면 천박하게 표현되는 일반문화는 보통 사람들의 현실적 구조에 의지하고 있다고 보고, 고급문화와 함께 대중문화까지도 연구의 대상으로 삼았다. 그리하여 문화에 대한 문학적·철학적 분석을 넘어서서 경험에 의해 사용되는 모든 형태의 언어와 의미 등을 연구하게 되었다. 또한 산업사회라는 특정사회가 만들어 낸 '노동계급'으로 대표되는 보통 사람들의 문화가 새로이 출현했음을 간파하고, 새로운 문화의 시작이라는 기초를 개념화하기 위해 '문화란 우리 삶의 모든 방식이며 물리적 실체이고 동시에 지적인 혼을 포함하고 있는 포괄적 실존체'라고 정의했다. 그리고 일상적 행위는 집단 속에서 일관성을 갖고 나타나는데, 이것은 각기 다른 환경과 구조에 대해 저항적 성격을 띠며 자신의 문화를 결정한다고 하였다.

또한 문화란 사회의 흐름 속에서 하나의 상황이 다른 일시적 상황과 관계하며 역사를 통해 완전한 형태로 진화하는 것이기에, 지금의 영국 사회는

레이몬드 윌리엄즈

끝없이 연속되는 혁명을 겪고 있으며, 그 역사는 산업화(Industrialization)에서 민주화(Democratization)를 거쳐 문화의 전환(Cultural Transformation)으로 가고 있다고 단언했다. 이러한 주장은 역사유물론적인 사관을 '문화주의'로 전환시키는 듯하다.

윌리엄즈는 대중문화의 기본적 구분을 네 가지로 설명한다.

첫째는 사람들의 취향에 맞추어 탄생된 문화이다. 다시 말해서 사람들의 다양성을 고려하고 많은 사람들을 포용하며 그들에게 맞추어 만들어진 문화를 뜻한다. 이 경우에는 대중문화의 구분 기준을 양적 수치에 의존하게 된다. 그런데 기준을 양적 수치에만 놓게 되면 몇 가지 문제가 생겨난다. 문화의 질적 요소와 상관없이 일정한 양적 수치에 다다르지 못하면 그것은 과연 대중문화가 될 수 없는가? 또 고전문화와 같이 대중에게 널리 알려져 있는, 즉 양적 수치가 높은 문화를 대중문화로 취급해야 하는가? 그러므로 양적인 기준이 대중문화와 깊은 관계가 있는 것은 사실이지만, 양적인 문제만으로 대중문화의 정확한 정의를 내리기는 어렵다.

두 번째는 고급문화에서 제외된 그 이외의 문화이다. 이것은 문화적 가치로 대중문화를 구분하는 것인데, 고급문화의 가치관이란 쉽게는 도덕적 가치나 실천 행위의 가치 또는 예술과 같이 일반적 취향을 배제한 깊은 의미를 통해 일어나는 질적 수준의 계급론을 말한다. 그러나 그 질적 가치를 구분하는 데에는 그 사회와 역사적 상황을 고려할 수밖에 없다. 한 예로 김홍도의 풍속화는 조선시대에는 대중적인 것이었으나 시간의 흐름에 따라 현재의 우리는 그것을 질적 수준이 높은 예술로 평가하고 고급문화로 탈바꿈시켰다.

동시대 문화 연구가들

또한 문학적 가치를 인정받던 고급문학의 시가 대중가요의 가사로 사용되며 대중 중심의 양적 문화로 자리를 넓히게 된 사례가 많이 있다. 과연 이 경우 그 시를 고급문화로 볼 것인가 아니면 대중문화로 볼 것인가 하는 문제가 대두될 수 있을 것이다.

세 번째는 대중의 의식을 조작하기 위해 만들어진(무분별한 대량 소비를 전제로 한) 대량 문화이다. 이것은 자본주의 사회와 밀접한 관계가 있다. 소비자를 대상으로 한 상업주의 문화이며, 대중의 조작을 꾀하는 정치적 행위라고 볼 수도 있다. 즉 대량 소비를 위해 대량 생산되어진 문화를 말한다.

마지막은 민중에 의해 만들어진 상징적이고 저항적인 문화로, 사람들을 위한 사람들의 문화이다. 이것은 자본주의 사회에 대한 상징적 저항 또는 낭만화된 노동계급의 문화 등을 뜻하지만, 이 경우 그 출생의 성격이 모호하고 범위가 애매하다.

이처럼 윌리엄즈의 연구에는 한 인간이나 시대 또는 집단의 특정 삶의 방식을 가리키는 대중문화가 중요하게 자리한다. 그러나 대중문화 연구는 특정 소수의 문화와 정신적이며 미학적인 요소들, 즉 위대한 철학자나 화가나 시인들을 다루는 고급문화와 비교·분석되어야 하므로 고급문화 역시 연구의 대상이 될 수밖에 없다. 결국 대중문화 역시 지적·정신적·심미적인 연구의 과정을 벗어날 수 없는 것이다.

윌리엄즈에 따르면 대중문화 연구에는 특정한 소수 문화의 연구를 간과할 수 없는 입장에 놓여, 여러 계층의 역사적 배경 속에서 진행되는 문화의 진화와 전개를 세심히 들여다보며 시대와 사회적 구조 그리고 역사적 맥락 속에서 끊임없이 이동하는 역학관계를 연구해야 한다. 그리고 이러한 연구 속에서 우리는 문화란 역사 속에서 끊임없는 '전쟁(혹은 패권 싸움)'을 통해 경쟁한다는 것을 알 수 있게 된다. 또한 20세기 대중사회와 대중문화라는 것이 자본주의 사회의 소비자를 대상으로 한 상업주의 문화라는 것을 생각할 때 소비와 생산의 상업적 관계와 경제 구조 역시 그 연구 대상이 되어야 한다고 주장한다.

윌리엄즈의 문화 연구는 일종의 이데올로기적 행위라 할 수 있으므로, 문화를 이해하는 데 이데올로기에 대한 이해가 필수적이다. 윌리엄즈는 20세기의 대표적 이데올로기인 마르크스주의의 영향을 깊게 받아 문화를 하나의 전 사회적 과정으로 이해하면서 다양한 문화 형식을 분석하였다. 그러나 윌리엄즈는 경제적 토대를 바탕으로 상부구조가 결정된다는 식의 마르크스주의적 결정론의 단순한 효과로서만 문화를 이해하는 한계에서 벗어났고 이로써 결국 후기 마르크스주의적 관점으로 흐르는 연구를 보여 주게 된다.

윌리엄즈의 연구는 초기와 후기로 나눌 수 있는데, 초기 연구 단계인 동시대 문화 연구소(CCCS)의 출범 이전에는 주로 문화유물론이나 문화적 경험주의가 지배적인 연구 틀이었지만, 60년대 동시대 문화 연구소의 출범 이후에는 구조주의와 포스트구조주의 그리고 후기 마르크스주의 이론에 많은 영향을 받았던 것으로 간주된다.

5-3

에드워드 톰슨

1924년 감리교 선교사의 아들로 옥스포드에서 태어난 에드워드 톰슨Edward P. Thompson, 1924-1993은 반핵운동가이며 평화운동가인 동시에 역사학자이다. 그는 『영국 노동계급의 형성The Making of the English Working Class』(1978)이라는 저서를 통해 역사적 관점에서 영국 노동계급의 형성 과정을 밝혔다. 톰슨은 그들의 문화가 전통 역사와 문화의 주도적 흐름에 의해 지배당하고 철저히 무시되어 왔다고 강조하면서 등한시되어 온 영국 노동계급의 문화, 즉 그들의 경험과 관심사 그리고 역사를 되찾고자 하였다.

또한 20세기에 들어서 가장 강력한 사상으로 대두되었던 마르크스주의가 말하는 계급의식은 있는 그대로가 아니라 레닌의 사회주의처럼 정당이나 분파 혹은 이론가들에 의해서 동태적 계급관에서 정태적 계급관으로 옮아 가는 오류를 범하고 있다고 지적했다. 그는 계급이란 사물이 아니라 관계라는 점을 강조하며, 계급적 경험은 사람이 태어나면서부터 자기의 의도와 관계없이 맺어진 생산관계에 의해서 주로 결정되는 것으로, 문화적 맥락에서 전통·가치체계·관념 그리고 여러 제도적 형태 등으로 구체화된다고 말했다. 즉, 톰슨이 말하는 계급론에서의 계급이란 구조나 범주로 이해될 수 없는 역사적 현상으로서 일종의 논리라고 볼 수 있지만, 그 속에서 어떤 법칙을 확인할 수는 없다는 점에서 마르크스주의 사회학자들과 다른 입장을 취하고 있다. 그는 계급론이란 개인이 어떻게 사회적 역할을 맡게 되고 사회조직이 어떻게 존재하게 되었는가의 문제로서, 이것은 역사적 과정에서 스스로 형성되어 사회

에드워드 톰슨

속에 등장하는 문화적인 형성체라고 설명하고 있다.

또한 톰슨은 문화는 사회 안에서의 자기 위치를 자각하는 것에서 시작되어 물리적 과정을 거쳐 만들어지며, 이렇게 만들어진 문화는 다시 행동 양식에 영향을 미치고 결국 사회 속 인간관계에 변화를 일으킨다는, 경험에 따른 문화적 실천에 대해 피력했다. 이 같은 과정을 통해 만들어지는 문화는 우리의 인식 속에 성공적으로 살아남는 것과 살아남지 못하는 것으로 나누어지게 되는데, 문화를 연구하는 입장에서는 이 두 가지의 경우를 동시에 수용하여 바라보아야 정확한 이해가 가능하다고 주장하였다. 단지 살아남아 기억되는 것만을 기준으로 문화 연구를 하게 될 때 문화를 편협하게 이해하게 된다는 것이다.

다시 말해 우리 사회 안에 자리 잡고 있는 문화를 올바로 이해하고 연구하기 위해서는, 함께 투쟁하고 저항해 왔으나 자리 잡지 못하고 사라져 버린 문화도 상대적으로 함께 파악해야만 올바른 이해가 가능하다는 것이다. 이러한 관점에서 볼 때 저급하게 취급되거나 무시되어 왔던 노동계급에 의해 만들어지는 문화, 즉 대중문화란 고급문화와 마찬가지로 창조적 정신 과정을 거쳐 만들어진 것이며, 제2차 세계대전 이후 새로운 분야로 구별된 것뿐이라고 주장했다. 대중문화는 결코 소비자층을 위한 새로운 창조이거나 갑작스런 현상이 아니며 이 역시 역사적 과정에서 형성된 것이라는 뜻이다.

이렇듯 톰슨 역시 윌리엄즈와 같이 마르크스주의적 결정론을 거부하며 인간의 중요성을 강조하였다. 살아 있는 문화와 주관적인 경험을 강조하고, 승자와 패자의 경험과 공헌이 함께 이해되어야 하며, 문화의 의미는 승자들

못지않게 피해자와 희생자들 속에서도 찾을 수 있다는 것이다. 이와 같은 그의 연구는 역사적 실천주의와 인본주의적 입장에서의 문화 연구라고 할 수 있다.

또한 톰슨은 노동자에 대해 만들어진 정통 학설들의 문제점들을 지적하기도 하였다. 그는 미래적 비전을 갖고 있는 극소수의 노동자를 제외한 대다수의 노동자들이 무간섭주의와 자유방임(Laissez Faire) 정책으로 해를 입은 수동적 희생자로 취급되는 '페이비언(Fabian)적 학설':30: 그리고 노동자들이 노동력의 통계적 수치 자료로 간주되는 '경험주의적 경제사가의 학설'은 역사를 만들어 가는 데 기여한 노동자들의 주체적 역할과 자각적 노력을 무시하고 있다고 주장하였다. 또한 노동자들이 복지국가의 개척자, 사회주의 공화국의 조상 그리고 합리적 산업 관계의 선구자로 취급되는 '천로역정 :31: 의 학설(Pilgrim's Progress)' 역시 역사를 미래의 비전이라는 대상으로 바라보기 때문에 실제 일어난 일들을 직시하지 않을 뿐만 아니라 성공한 자들만 기억되고 패배자들은 잊히는 역사적 오류를 범할 여지가 있다고 하였다. 진정한 계급이란 역사적인 과정과 작용에 대한 연구를 통해서만 이해할 수 있으며, 사회적이고 문화적인 구조에서 종합적으로 파악해야 한다는 주장이다.

그러나 톰슨을 비롯한 동료 학자들의 이러한 태도는 종전의 이론가들에게는 마치 학제적 이론의 깊이가 결핍된, 종합적이고 애매모호한 주장을 하는 불특정 집단처럼 간주되기도 했는데, 그것은 1978년에 톰슨이 『이론의 빈곤The Poverty of Theory』을 통해 '루이 알튀세르적 마르크스주의에 대한 신랄한 비판적 주장'을 펼치면서 비롯되었다. 그 주장은 다음과 같은 내용을 담고 있다.

:30: 페이비언적 학설

페이비언 사회주의(Fabian Socialism) 또는 페이비어니즘(Fabianism). 1884년 영국의 페이비언 협회가 주장한 점진적 사회주의 사상이자 영국 노동당의 지도 이념으로, 사회 개량의 수단으로 혁명이 아닌 의회주의를 통하여 자본주의의 결함을 점진적으로 극복하자는 주장이다. 페이비언주의는 마르크스주의와는 달리 특정 역사관·경제 이론·정치 학설을 가지고 있지 않지만, 기본적으로 점진적 진보라는 낙천적 역사관을 취하고 있다. 즉 사회는 기술 발달과 물질적 부의 증대에 의한 구성원의 행복 증진이라는 방향으로 진보해 가며, 그 과정에서 사회 존속을 위협할 만한 파괴적 요소가 나타나면 그것을 극복하는 조치가 취해진다는 것이다. 초기의 페이비어니즘은 자본 및 토지의 생산성 차액에서 생기는 잉여를 소유자가 사유함으로써 빈부의 차가 생기는 것으로 생각하여 '생산 수단의 공유화'를 주장하였다. 또 재정 정책과 사회보장, 노동 입법 등에 의한 부와 소득의 평등화 정책이 그들이 주장한 사회주의 실현의 방법이었다. 이때 사회주의 실현의 주체는 마르크스주의와 달리 노동자계급만으로 한정되지 않고 불로소득 폐지에 찬성하는 모든 사람이 된다.

'역사란 새 시대의 예시와 가능성을 위한 신호(Sign)와 증거를 제공해 주는
원천이고, 연구와 발견은 역사라는 연속성 안에서 이루어져야 하며, 과거는
죽거나 타락하거나 제한될 수 있는 것이 아니고 창조를 위한 실질적 원료를
제공한다.'

이러한 주장은 예컨대 서양에서 큰 성과를 거두지 못하고 사라진 문화적
흐름과 대의가 아시아권에서는 새로운 가치로 창출될 수 있다는 사례를
떠올리게 한다. 쉬운 예를 들면 과거 미국에서는 전혀 인기를 얻지 못하고
사라져 간 옛 노래들이 한국에서 드라마 주제가로 쓰이면서 새로운 의미를
얻고 시대에 맞는 유행을 만들어 내는 것과 같은 경우를 들 수 있겠다.

또한 톰슨은 과거 역사와의 단절을 전제로 새로운 이론의 깊이를 강조하는
알튀세르처럼 마르크스주의에 구조주의를 도입하는 모더니스트적 입장은 옳지
않으며, 새로운 패러다임과 소수의 엘리트 중심주의적 입장이 아닌 역사적
연속성과 다수의 입장에서 비전(Vision)과 가치를 찾으려고 노력해야 한다고
주장하였다. 이처럼 역사의 연속성과 다수의 입장을 종합적으로 강조하던
톰슨의 주장은 어쩌면 역사가로서의 공정함이 작용한 합리적인 주장이었을
것이다. 그러나 그의 주장처럼 문화 연구에서 추구해야 할 다원적이고 개방적인
비전은 새로운 문화에 대한 기본 입장이 다르거나 아직도 과거 모더니즘의
거대한 이론에 종속된 종전의 이론가들에게는 애매모호한 주장으로 비췄던
것이다.

:31: **천로역정**
영국 작가 존 버니언의 종교적 우의소설. 주인공 크리스천이 등에 무거운 짐(죄)
을 지고 손에는 한 권의 책(성서)을 들고서 고향인 '멸망의 도시'를 떠나 '낙담의
늪', '죽음의 계곡', '허영의 거리' 등을 거쳐 천신만고 끝에 '하늘의 도시'에 당도
하는 여정을 그린 소설이다.

5-4

스튜어트 홀

자마이카 태생의 스튜어트 홀Stuart Hall, 1932- 은 1969년에 호가트의 뒤를 이어 동시대 문화 연구소의 소장이 되었다. 그는 소장으로 재직하는 동안 동시대 문화 연구소의 이론적 기반과 학문적 영향력을 크게 확대시켰고 이로써 동시대 문화 연구에서 스튜어트 홀이 차지하는 비중은 실로 막강하게 되었다. 1950년대 영국 신좌파의 핵심 학자로서 ≪뉴 레프트 리뷰New Left Review≫의 초기 편집자였고, 1960-70년대에 동시대 문화 연구소의 중심에서 활발히 활동했던 홀은 호가트와 윌리엄즈의 영향을 크게 받으며 패디 화넬Paddy Whannel, 1922-1980과의 공동 저서인 『대중예술The Popular Arts』(1964)을 발표했다.

동시대 문화 연구에서 홀이 무엇보다 중요하게 생각했던 것은, 이론과 정치적 행위의 갈등 사이에서 서로를 이용하며 어떠한 합의에 도달하는 창조적이고 실천적인 지적 작업을 가능하게 하는 것이 무엇인지 발견하는 것이었다. 홀은 문화란 사회의 종교·지역·인종 그리고 성에 근거한 기본적인 인간의 갈등 속에서 진행되는 것이며, 마치 경제와 같이 인간들의 정체성 사이에서 그 형태가 만들어져 간다고 생각했다.

따라서 문화 연구란 정치적 관계와 이론적 접근 사이의 정답 없는 긴장 상태를 유지하며 끝없는 충돌과 대립과 갈등을 통해 창조와 도전을 끌어내는 것이라고 말했다. 즉 정답 없는 공식 속에서의 놀이가 가져다주는 긴장 상태와 갈등은 결국 새로운 도전과 창조로 이어진다고 보고, 문화 연구란 이와 같은 방식 아래 이론과 정치적 입장을 긴장 상태로 유지하면서 끝없는 도전을 통한

스튜어트 홀

창조적인 방향성을 갖는 것이라고 보았다(이는 마치 포스트구조주의자들이 정답을 거부하고 담론적 놀이가 진정한 진화라고 생각했던 것과 같은 맥락으로 사려된다).

그리고 이러한 문화 연구의 방법은 정치적 입장에 놓여 있기에 현실에 실제적인 영향을 끼칠 수 있다고 주장한다. 또한 문화적 행위가 세상에 어떻게 현실적 영향을 미칠 수 있는가에 대해서는, 문화 자체가 '지배적인 힘과 저항적인 힘을 포함한 사회의 다양한 힘들이 사회의 주도권을 잡기 위한 전쟁의 실천'이라 말하면서 문화 연구가 '할 수 있는 것·할 수 없는 것·해야 하는 것' 그리고 '특권적으로 할 수 있는 것'에 대한 구분을 수행함으로써 이를 돕는다고 말했다.

이러한 홀의 주장은 마치 푸코의 '이론과 권력의 관계성'을 연상케 하며, 따라서 그의 주장에는 포스트구조주의의 영향이 짙게 깔려 있음을 짐작할 수 있다. 그러나 홀의 연구 전반을 들여다보면 그는 모던의 구조주의와 마르크스주의의 관계성이 포스트모던으로 이동하면서 포스트구조주의와 후기 마르크스주의의 관계성과의 연장선에서 갈등하던 시대사조의 전환기적 모습이 짙게 깔린 모호한 입장에 있었다.

1960년대 초까지 홀은 호가트와 윌리엄즈의 영향 아래서 마르크스주의에 저항하며 실질적이고 현실적인 관계성과 정서 구조(Structure of Feeling)에 관련된 문화 연구에 집중했다. 그리고 70년대 와서는 구조주의적 마르크스주의(알튀세르적 접근)를 하나의 이론으로 선택하면서도 경제가 문화를 결정짓는다는 마르크스주의적 결정론은 받아들이지 않았다. 왜냐하면 그는 사회란 계급투쟁과 경제뿐만 아니라 성·인종·종교·지역에 따른 갈등에 의해 움직이며, 이러한 정체감이 문화의 결정에 큰 역할을 하고 있다고 믿었기 때문이다. 따라서 알튀세르가 가지고 있던 마르크스주의적 결정론과 같은 태도를 노동계급의 투쟁의 역사 속에서 개인이 부정되는 반인본주의(Anti Humanism)적 태도로 해석했다.

그리고 70년대 후반 안토니오 그람시의 헤게모니(Hegemony)에 주목하면서 네오 그람시주의(Neo-gramscism)로 돌입하게 되는데, 여기에는 1971년 간행된 그람시의 『옥중수고 Prison Notebook』(1929-1935)와 루이 알튀세르의 『이데올로기와 이데올로기적 국가 기구 Ideology and Ideological State Apparatuses』(1970)가 큰 영감을 주었다고 한다. 따라서 홀은 노동계급의 능동적 문화 생산에 주목하는 문화주의와 의미작용에 관한 연구와 이데올로기에 대한 구조주의적 문제를 비판적으로 수용했으며, 그람시의 헤게모니 이론을 수용하여 문화 연구의 이론적 기반과 학문적 틀을 제시하게 된다.

80년대 오면 홀은 마르크스주의의 결정론보다는 갈등 그 자체를 진실한 것(Reality, 실재)으로 보며 이론중심적 행동주의의 모습을 분명하게 띠게 된다. 즉 그람시의 헤게모니 개념을 통해서 마르크스주의의 문제점을 보완하려 했다고 볼 수 있다. 그리고 이러한 틀에 기초하여 문화 연구를 실재적이고 현실적인 리얼리티 연구로 간주하며, 이론적이고 정치적인 문제에 대한 갈등(Conflicting Force in Theoretical and Political Questions) 속에서 미디어·하위문화·포스트모더니즘·정체성 및 권위주의적 포퓰리즘으로 대표되는 영국의 대처리즘(Datherism)에 대한 분석 등 다양한 주제에 관해 유용한 문화 연구를 남기게 된다. 그의 연구가 의미하는 것은 '문화 연구란 구체적 현실과의 소통을 통해서만 그 생명을 유지할 수 있으며 문화 연구자는 살아 있는 유기적 지식인이 되어야 한다'는 것이다.

또한 자마이카 출신으로서 식민지 국민의 입장에 놓인 학자였던 홀은 영국 문화 연구의 역사를 알기 위해서는 신좌파(New Left) :32: 의 발생과 그 흐름을 파악하고 있어야만 한다고 주장하는데, 여기에는 학술적 이유 외에도 상황적이고 정치적인 특별한 이유가 있었다. 당시 영국 출신이 아닌 식민지적 입장에 놓인 지성인들과 학생들은 그들의 정체성을 강조하기 위해 유럽 사상계의 중심이며 영국의 좌파로 분류되는 구조주의적 마르크스주의에 소속되기를 거부했다. 그들은 영국 신좌파 학자들에 가담하여 세력을 키워 나감으로써 자신들의 모습을 구체화하고자 하였다. 그들이 이와 같은 태도를 취할 수밖에 없었던 이유는, 그들이 영국의 핵심 지성으로 간주되는 좌파 즉 구조주의적 마르크스주의 속에서 눈에 보이지 않는 인종적 차별과 선입견에 의한 거부를 당했기 때문이며, 그래서 신좌파라는 명분을 통해서 자신들의 정체성과 연구를 자리매김할 수밖에 없었기 때문이다. 그들은 이와 같은 상황 아래 식민지(Outsiders)와 영국 본토(Homeland) 사이의 문화 연구를 통해 끝없는 도전을 거듭하며 이론과 정치적 입장을 유지하면서 창조적이고 정치적인 방향성을 가지려 했던 것이다.

따라서 동시대 문화 연구에 신좌파의 흐름이 강하게 작용하지 않았다면 홀의 연구는 심도 있는 것이 되지 못했을 것이며, 아마도 자연발생적으로 국제적 세계관을 따라가는 안일한 문화 연구가 될 수밖에 없었을 것이다. 즉 문학적 색채를 짙게 띠면서 넓은 의미에서 문화 연구를 하던 초기 모습과는

:32: 신좌파

마르크스주의에 근거한 사회 개혁을 주장하는 좌파 이념. 시민의식 성장을 통한 사회 개혁을 주장한다는 특징을 갖고 있으며, 위르겐 하버마스·에리히 프롬 등 프랑크푸르트 학파의 학자들이 대표적인 신좌파 학자들이다. 영국의 신좌파는 흐루쇼프의 스탈린 비판과 1956년 소련의 헝가리 침공의 결과로 많은 이들이 영국 공산당을 떠나 트로츠키주의 단체나 영국 노동당으로 옮기면서 발생했다. 대체로 핵무장 해제 운동과 세계 정의 운동에 중심을 두었으며, 학생 단체와 당에 반대하는 공산주의 지식인들 사이의 매개 역할을 담당하였다. 미국의 신좌파는 대학가에서 발생한 학생 운동을 중심으로 활동을 전개하였다. 「신좌파에게 보내는 편지Letter to the New Left」라는 글에서 처음으로 '신좌파(New Left)'라는 용어를 사용한 미국의 사회학자 찰스 라이트 밀즈는 노동운동에 집중하는 구조파에서 벗어나 사회적 소외·무질서·권위주의 등 보다 개인화된 현대사회의 문제점에 중점을 두는 새로운 좌파 이념의 필요성을 역설했다. '체제'라 부르는 사회의 권위적 구조에 반대하여 자신들을 '반체제'라 칭했으며, 베트남 전쟁과 중국의 문화혁명에서 많은 영향을 받았다.

달리 홀은 이론으로서 구조주의적 마르크스주의를 연구하고 인용하면서도 끝끝내 종속되지 않았고, 헤게모니와 신좌파의 영향 속에서 현실적인 문화 연구를 하면서 대중과 하위문화를 규정하는 의식에 역점을 두었다. 그리하여 문화 연구를 문학 연구·사회학·인류학·사회사로부터 분리시켜 독립적인 학문의 영역으로 자리 잡게 하였던 것이다. 이처럼 홀의 연구 과정은 20세기 마르크스주의와의 모호한 관계성 속에서 '문화주의'와 '구조주의' 사이의 연결 고리를 갖고 있다고 할 수 있다.

이제 문화 연구의 관점에서 문화주의와 구조주의를 다시 한 번 정리해 보자. 홀에 의하면 호가트·윌리엄즈·톰슨은 문화란 사회적 실천과 서로 얽혀 있으며, 사회적 실천의 주체는 인간의 경험이고 그 과정은 바로 역사를 만들어 가는 활동이며 이것을 '문화주의'라고 할 수 있다. 따라서 문화주의란 '인간을 중시하는 인간주의'로 해석된다. 특히 윌리엄즈와 톰슨은 둘 다 좌파였음에도 불구하고 공통적으로 경제적 토대를 바탕으로 상부구조가 결정된다는 마르크스주의적 결정론을 거부하였다. 윌리엄즈는 문화적 실천을 분석하여 사람들의 공통된 감정 구조를 파악하는 것을 중요하게 생각했으며, 톰슨은 18세기 후반에서 19세기 초반 영국 사회에서 노동자 계급이 어떻게 형성되었는가를 분석하여 경제가 아닌 문화적인 실천에 따른 경험이 새로운 역사를 만들어 가는 원동력이라는 결론에 이르렀다. 그러나 홀은 윌리엄즈와 호가트를 잇는 문화주의의 영향권 아래서 문화 연구를 시작하여 구조주의의 영향을 받으면서 구조주의적 전환을 맞이했으며, 마침내 문화주의와 구조주의의 마디를 '접합(Articulate)'시키기 위해 그람시의 헤게모니 개념을 차용하여 자신만의 문화 연구를 완성했다. 뿐만 아니라 여기에서 멈추지 않고 20세기 초 학술의 흐름을 자유로이 활용하여 60년대 이후 포스트구조주의적 흐름과 포스트모던의 상황도 거침없이 차용하면서 비학제(Anti-disciplinary)적이고 통섭적이며 개방학제(Inter-disciplinary)적인 방법을 통해 문화 연구를 완성시켰다.

문화와 생존

문화의 생존

6

생존
게임

앞에서 보아 온 것처럼 영국의 학자들에 의해 동시대 문화 연구(Contemporary Cultural Studies)라는 새로운 학술이 정립되면서, 산업사회와 대중사회라는 변혁을 경험한 미국을 비롯한 주변 국가들은 이 학술에 큰 관심을 가지게 된다. 특히 대처 수상의 정부가 들어서며 영국과 미국 사이에 적극적인 문화 교류가 일어나자 동시대 문화 연구는 미국 학자들 사이에 중요한 연구 과제로 떠오르게 되었다. 그 결과 80년대 초에 와서는 동시대 문화 연구의 내용들에 대한 학술적 접근과 연구를 통해 각 국가들이 자신들만의 '문화 연구'의 방법론들을 찾아가게 된다. 이 장에서는 그런 상황들을 살펴봄으로써 각국의 문화 연구가 어떠한 방법론을 갖게 되었으며, 앞으로의 문화 연구를 위한 우리의 과제를 살펴보고자 한다.

6-1
미국으로 건너간 동시대 문화 연구

실제적 근거를 제시할 수 있는 타당성 있는 문화 연구를 강조하면서 마르크스주의자들과 힘겨루기를 하고 있던 동시대 문화 연구는 80년대에 미국으로 전파되면서 다른 모습으로 자리 잡게 된다. 미국은 동시대 문화 이론이 갖고 있는 지적 전통과 학술 체계를 그들의 짧은 역사 속에서 형성된 문화적 형태에 맞추고, 사회적 정체성을 확립시키기 위한 정치적 수단으로 사용하게 된다. 그들은 동시대 문화 연구에서 다룬 문화의 '생산과 분배' 그리고 '전개와 수용'이라는 관점을 실험하여 '소통 이론(Communication Studies)'을 통해 문화의 '분배와 전이'가 이루어지는 과정을 해석하고 적용시켰다. 마르크스주의를 근거로 한 난해하고 복잡한 권력과 계급구조를 연구하던 동시대 문화 연구의 내용을 쉽고 빠르게 흡수하여 자신들에게 필요한 구조로 재해석함으로써 결국 문화 연구를 '다원주의 문화(Multiculturalism)와 정체성(Identity)'의 문제로 정착시킨 것이다.

이와 같이 미국 문화 연구가 만들어져 간 과정은 바로 미국 대중문화의 형태(American Popular Cultural Formation)를 학술적으로 확립시키려는 의도에서 일어난 것이다. 이렇게 대중문화 중심의 정체성 확립을 위해 재해석 및 재정리된 미국의 문화 이론은 그들만의 기술적인 언어(Technical Language)로 표현되고 전문화되어 갔는데, 특정 학제의 규칙을 뛰어넘는(Anti-discipline) 영국의 문화 연구와는 달리 기호학과 문학 이론 등을 접목시키며 독특한 형식 또는 형식적 구분을 위한 새로운 학제(Discipline)로 전환하였다. 즉 20세기 유럽의 지적·학술적 전통에서 시작된 비학제적 문화 연구인 동시대 문화 연구가 미국으로 건너가면서 그들의 실용적 요구에 맞춰지고, 그들이 선택한 특정 학술과의 접목을 통해 그들만의 문화 연구로 학제화되면서 하나의 학문으로 자리 잡게 되었던 것이다.

또한 좌파 지식인들의 전통을 거세하고 독립된 미국적 문화 연구와 이론을 정립하였다. 이것은 미국이 문화 연구에 있어서 본인들이 처해 있던 환경, 즉 유럽으로부터 이주하여 정착하면서 갖게 된 짧은 역사와 불투명한 문화 정체성과 사회 구조 등을 인식할 수밖에 없음으로 인해 재해석된 결과였다. 그러므로 권력과 정치, 계급론 그리고 마르크스주의에 근거한 지적 수준의 확립이라는 동시대 문화 연구의 기본 내용이 삭제되었기 때문에 미국의 문화 연구와 동시대 문화 연구는 직접적으로 관계를 맺기 어렵게 되었다.

미국이 문화 연구에서 이처럼 마르크스주의의 전통을 무시할 수 있었던 근거는 초기 포스트모던이라는 당시의 시대적 상황과 연관이 있다. 1979년 장 리오타르Jean F. Lyotard, 1925-1998의 저작『포스트모던의 조건The Post-modern Condition』이 미국에서 출판되어 큰 반향을 일으켰는데, 리오타르는 초기 포스트모던 시대를 과거 마르크스주의를 근거로 하던 모더니스트들에 대한 실망으로부터 시작된 시대로 규정하였고, 이러한 그의 주장이 미국의 문화 연구 학자들에게 마르크스주의를 거세할 수 있는 명분으로 작용했던 것이다. 더욱이 80년대에 들어서면서 소련의 붕괴와 뒤를 이은 동유럽 사회주의의 붕괴 등이 미국의 문화 연구에서 마르크스주의의 기초를 저버리게 하는 또 하나의 강력한 근거로 작용했다. 그리하여 미국의 문화 연구는 마르크스주의의 비평적 구도를 배제한 '긍정적 실용주의'로 흐르게 되었다.

이와 같은 현상에 대해 문화 이론의 종주국인 영국의 동시대 문화 이론가들은 비판의 소리를 높이며 미국의 문화 이론을 마치 청교도 이론(Puritans Studies) :33: 처럼 취급하였다. 영국의 학자들은 미국의 문화 연구가 미국의 정치적·상황적 이유를 근거로 기본적 문화 연구의 역사를 복제하여 변칙적으로 적용하고 기본적 틀을 무시한, 표면적인 분석만이 존재하는 무분별하고 자유분방한 이론적 해석일 뿐이라고 공격하였다. 에드워드 톰슨은 미국인들이 난해하고 까다로운 문화 연구를 간편하고 일반적인 경계로 정리하여 단순화시켰다고 비판했으며, 레이몬드 윌리엄즈는 포스트모더니즘의

:33: 청교도 이론
유럽에서 아메리카로 건너간 청교도들이 유럽식 문화를 표면적으로만 흉내 내는 현상

1970년대 발행된 «National Lampoon» 매거진(미국식 하위문화를 다룬 시사잡지) 표지

영향을 받은 미국이 본질적 문화 연구의 의미를 증발시켜 버렸다고 비난했다. 스튜어트 홀 역시 미국의 문화 연구는 한마디로 형편없는 짓거리(Dumb Founded) 라고 일축했다.

그러나 영국 동시대 문화 연구가들의 말처럼 미국의 문화 연구가 형편없는 짓거리인지에 관해서는 좀 더 균형적인 시각이 필요하다. 마르크스주의의 전통을 무시하고 긍정적 실용주의의 태도 아래 기호학과 문학 이론 등을 접목시키면서, 문화의 분배와 전이가 이루어지는 과정에 소통 이론(Communication Studies)을 적용시킨 미국의 문화 연구 속에는 일찍이 미국 내에서 발전된 기호학과 실용주의적 관점이 깊게 깔려 있기 때문이다.

한 예로, 찰스 모리스Charles W. Morris, 1901-1979는 퍼스의 기호학과

찰스 모리스

실용주의적 관점을 기호 이론에 적용시키며 기능적 문화의 변화에 깊은 관심을 쏟았으며, 기호를 '구문론(Syntactics) · 의미론(Semantics) · 어용론(Pragmatics)'으로 분류하였다. 구문론은 기호와 기호들 간의 형식적 관계를 연구하는 것이며, 의미론은 기호와 기호가 의미하는 사물과의 관계를, 그리고 어용론은 기호와 기호를 해석하는 해석자와의 관계를 연구하는 것이다. 이와 같은 모리스의 기호학을 크게 인정한 라슬로 모호이너지[Laszlo Moholy-Nagy, 1895-1946]는 시카고 뉴 바우하우스(New Bauhaus) :34: 의 디자인 이론가들 사이에서 더욱 폭넓은 접근과 시도를 꾀하기 위해 모리스를 교수로 초빙하여 이론적 강의를 진행하면서, 이에 영향을 받은 디자인 분야에서 커뮤니케이션 디자인(Communication Design)의 관점을 부각시키며 미국적 디자인 문화의 가능성을 열게 된다.

　이와 같이 미국적 문화 개발의 바탕에는 미국 학자들에 의해서 계승·발전된 기호학의 영향이 있었다. 흔히들 기호학이라 하면 소쉬르를 떠올리지만, 원래 기호학적 연구의 시작은 비슷한 시기에 스위스의 소쉬르와 미국의 퍼스에 의해서 각기 다른 지식적 체계로부터 출발했다. 과거에는 소쉬르의 계보에서 발전된 기호학을 '세미올로지(Semiology)', 퍼스의 계보에서 발전된 기호학을 '세미오틱스(Semiotics)'라 불렀던 것이다. 그러던 것이 1970년대에 와서 로만 야콥슨과 움베르토 에코와 같은 학자들에 의해서 소쉬르와 퍼스의 기호학적 연결고리가 생기면서, 미국학계에서 '세미오틱스'로 통일되었고, 기호학적인 원리를 문화 현상과 소통 이론의 연구에 활용하여 왔다. 따라서 영국의 학자들이 폄하한 미국의 문화 연구가 사상적 기반이

:34: 뉴 바우하우스

독일 바우하우스의 이념을 계승하여 1937년 미술공예협회의 후원으로 모호이너지가 시카고에 설립한 미술 교육기관. 제1차 세계대전 이후 미국으로 이주하여 당시 하버드 대학 교수로 있던 발터 그로피우스를 고문으로 '미국 디자인 스쿨 뉴 바우하우스(The New Bauhaus, American School of Design)'라는 명칭으로 발족하였다. 후에 '디자인 인스티튜트(The Institute of Design)'로 개칭하고 대학으로 승격되었다. 1948년 모호이너지가 사망한 후 체르마이에프가 뒤를 이었고, 1952년에는 일리노이 공과대학에 합병되어 오늘에 이르고 있다. 교육 이념은 근본적으로 독일의 바우하우스와 다를 바가 없으나 새로운 시대적 요청과 미국이라는 지역적 특수성에 맞는 방향으로 전개되고 있는 것이 특징이다.

생존 게임

없다는 비판에 대해서는 재고의 가치가 있다고 하겠다.

6-2
미국의 문화 연구

한편 동시대 문화 연구와는 다르게 미국 문화인류학의 계보에서 진화한
문화 연구 학자가 있었다. 그는 20세기 후반, 미국 문화 연구에서 가장 크게
두드러졌던 인물로 바로 인류학자 클리포드 기어츠Clifford Geertz, 1926-2006이다.
그는 1960-70년까지 시카고 대학 인류학과에서 강의했고, 1970-2000년까지
프린스턴 대학 고등과학원에서 사회과학 교수를 거쳐 명예교수가 되었다.
기어츠는 하버드 대학·시카고 대학·캠브리지 대학 등 총 15개의 학교로부터
명예박사 학위를 받았다. 미국의 인류학자 보아스의 뒤를 이어 루스 베네딕트,
마거릿 미드 등의 문화인류학 전통의 뒤를 잇는 기어츠의 학술은 인류학의
틀을 완전히 뛰어넘어 인문·사회과학과 미국 문화 연구에 막대한 영향을
미쳤다.

대표 저서로는 『문화의 해석The Interpretation of Cultures: Selected Essays』(1973)과
『지역적 지식Local Knowledge: Further Essays in Interpretive Anthropology』(2003)등이
있다. 특히 15년에 걸쳐 15편의 논문으로 발전시켰던 『문화의 해석』은
20세기 사회사상사의 여러 가지 흐름을 총망라하고 있는데, 여러 학자들의
내용을 광범위하게 수용하여 어느 한쪽으로 치우치지 않고 다양한 이론들을
섭렵함과 동시에 비판적 접근을 통하여 새로운 이론적 종합을 이룩했다.

:35: 허버트 스펜서
철학자이자 영국 사회학의 창시자. 일찍이 자연과학에 흥미를 가졌던 스펜서는
진화철학을 주장하였다. 진화가 우주의 원리라고 생각하여 인간 사회에도 강한
사람만이 살아남을 수 있다는 '적자생존설'을 믿었으며, '사회 유기체설'을 주장
하였다. 그는 심리학에서는 의식의 진화 과정을, 도덕적으로는 공리주의를 지지
하였다.

클리포드 기어츠

그는 인간들 사이에서 의사소통의 세계를 넓히는 것을 인류학의 목적으로 여기며 인간의 광범위한 삶의 문제들을 연구했다. 그는 『문화의 해석』에서 말리노프스키·탈코트 파슨스·막스 베버·루트비히 비트겐슈타인·케네스 버크·수잔 랭어·폴 리쾨르와 같은 주요한 학자들의 다양한 학술은 물론, 심리학·경제학·인지과학·철학 등 거의 모든 분야의 이론들을 섭렵하고 인용했다.

기어츠의 학술 속에서는, 첫째로 말리노프스키의 기능주의를 잇는 미국의 사회학자 탈코트 파슨스^{Talcott Parsons, 1902-1979}의 기능주의 사회학(Functional Sociology)의 영향을 찾아볼 수 있다. 파슨스는 허버트 스펜서^{Herbert Spencer, 1820-1903 :35:}, 에밀 뒤르켐^{Émile Durkheim, 1858-1917 :36:}, 그리고 특히 말리노프스키 등의 '진화론적이고 유기체론적'인 19세기의 기능주의 전통을 이어받았다. '진화론적이고 유기체론적'이라는 것은 유기체의 각 기관이 유기체 자체의 보존과 유지를 위해 기능하며 진화하는 것을 말한다. 마찬가지로 사회의 각 구성 부분들이 맡은 바 기능을 적절히 수행하고 상호작용함으로써 전체를 유지하고 보존한다는 인식으로, 이는 '기계적이고 고전적인 기능주의'라 하겠다. 파슨스는 사회의 유기체들과 각 구성 부분들 간에 상호작용하는 기능을 연구하여 구조기능주의(Structural Functionalism)적인 사회 이론들을 발전시켰으며, 이러한 그의 연구는 1940년대부터 1960년대 말까지 미국의 사회학계에서 광범위하게 구축되었다. 파슨스의 연구는 유럽의 지적 전통을 미국이라는 사회 환경에 접목시킨 가장 미국적인 사회 이론이라고 할 수 있다.

둘째로 찾아볼 수 있는 영향은 막스 베버^{Max Weber, 1864-1920}의

:36: 에밀 뒤르켐
프랑스의 사회학자로 사회학과 인류학의 형성에 크게 기여했다. 그가 만든 «사회학 연보»는 사회학이 학계에서 사회과학의 한 분과로 성립되는 데 일조했다. 뒤르켐은 일생 동안 학생들을 가르치고 교육·범죄·종교·자살 등 사회의 여러 측면에 대한 수많은 사회학 연구서를 출간했다. 근대 사회학의 틀을 잡는 데 결정적인 공헌자이며, 초기 연대주의를 제창한 인물이기도 하다.

사회학이다. 1910년 독일 사회학회를 창설했던 막스 베버는 마르크스·스펜서·뒤르켐·오귀스트 콩트Auguste Comte, 1798-1857 :37: 와는 다르게, 사회학자는 개인의 감정과 사상에 관심을 가지고 연구해야 한다고 주장했다. 그리고 다른 사람들이 자신들의 행동에 부여하는 의미를 그들의 입장에서 이해하여 사회 현상의 본질적 내용을 추출하고 서술하는 형태를 이념형(Ideal Type)이라 하였다.

셋째로 오스트리아의 분석철학자 비트겐슈타인Ludwig Wittgenstein, 1889-1951의 일상언어철학(Everyday Language Philosophy) :38: 에서 받은 영향을 들 수 있다. 비트겐슈타인은 기어츠의 연구가 민족지적 일상 연구로 발전하는 데 기여하였다.

넷째로 미국의 문학 이론가 케네스 버크Kenneth Burke, 1897-1993 및 예술철학자 수잔 랭어Susanne Langer, 1895-1985의 기호 이론의 영향을 찾아볼 수 있다. 케네스 버크는 수사학 분야에서 모든 문화 현상을 바라보는 일종의 수단으로 '은유·환유·제유·아이러니'의 네 가지 비유법을 사용하여 다양한 상징(Symbols)과 지식의 관계를 연구하여 기호 이론을 발전시켰다. 악기 연주에 뛰어난 재능을 가졌던 수잔 랭어는 『새로운 열쇠 속의 철학Philosophy in a New Key』(1942)을 통해 느낌과 형식 그리고 정신(Feeling, Form and Mind) 사이에 새로운 이해(New Key)를 도모했는데, 이는 소리의 시스템을 통해 예술을 이해하고 창조의 기저에 있는 인간의 의식과 가치를 평가하는 기호 이론이었다.

다섯째로 프랑스의 기독교 철학자 폴 리쾨르Paul Ricoeur, 1913-2005가 발전시킨 해석학 이론(Hermeneutics)의 영향을 찾아볼 수 있다. 리쾨르는

:37: 오귀스트 콩트

프랑스 출신의 사회학자. 프랑스 혁명의 막바지에 태어나 정치적 급변이 계속되던 혼란의 시기를 살았던 콩트는 자연스럽게 사회의 안정을 이루고 개선하는 데 관심을 가졌던 것으로 보인다. 당시의 저명한 연구자였던 앙리 드 생시몽과 교류하며 많은 부분에서 영향을 받았지만, 이론보다 실천에 더 비중을 두는 생시몽과 갈등 끝에 결별한다. 그 후 『실증철학 강의』(전6권, 1830-1842)를 집필하는 데 주력하며 사회학의 원리들을 창안하였다. 그러나 그가 의도한 모든 과학의 통합은 지나친 야망으로 간주되어 많은 비판을 받고 학계에서 고립되었다. 콩트는 자신의 학문 내에서도 모순된 모습을 많이 보였지만, 그가 사회학을 창시하고 후대의 많은 사상가들에게 영향을 주었다는 것에는 큰 이견이 없다.

유신론적 실존주의자인 가브리엘 마르셀Gabriel Marcel, 1889-1973 밑에서 철학과 신학을 공부했고, 기독교 철학자로서 형이상학을 학술적 기초로 삼으며, 사유의 표현이라 할 수 있는 언어와 담론의 이면에 숨겨진 의도를 연구하고 찾아내려는 노력 끝에 해석학 이론을 발전시키고 구축한 학자였다.

이와 같은 다양한 이론들을 수용하면서 기어츠가 15년이라는 세월을 통해 발전시킨 『문화의 해석』은 다중적이며 중층적 관점과 방식으로 인간과 사회에 접근한다. 그리고 저자의 해박한 지식을 통해 이러한 관점과 방식이 뒷받침되면서, 현상의 의미를 드러내고 기존의 학술적 틀을 뛰어넘어 문화를 해석하고 인류를 분석함으로써 문화에 대한 새로운 이해의 지평을 열어 주었다.

기어츠는 문화란 '인간들의 추상적 사고에서 나타나는 변형물(Variations)'이라는 레비스트로스의 생각에 동의하지 않았다. 그는 문화란 머릿속에 있는 추상적인 개념이 아니라 인간이 의사소통을 하면서 만들어지는 실제적인 경험이며, 문화를 표현하는 것은 일종의 정보 전달 행위라고 보았다. 따라서 문화 현상들은 문맥(Context)에서 분리될 수 없는 자의적이고 임의적이며 상황적인 것이라 보았다. 예컨대 사람들이 삶에 대한 지식과 태도를 서로 나누며 지속·발전시키는 과정에서 상징적 형태로 표현되어 전승된 개념 체계를 문화로 이해한 것이다. 따라서 기어츠는 사회에서 상징(Code)은 행위를 좌우하는 역할을 담당한다고 강조하였고, 인류학자의 역할은 각 문화의 지배적인 상징(Code)을 찾아내는 것이라 하였다. 이러한 그의 주장은 말리노프스키와 파슨스의 기능주의와 케네스 버크의 상징과 지식의 관계를 연결시켜 기호 이론을 발전시킨 것이라 할 수 있다. 또한 문화의 기능은 사회에

:38: 일상언어철학

언어철학은 언어를 다루는 철학의 한 분야이다. 언어철학은 넓게는 언어적 철학과 언어학의 철학, 언어의 철학을 모두 포함한다. 언어적 철학은 분석철학이라고도 하며 논리실증주의와 일상언어철학의 두 유파로 나뉜다. 논리실증주의는 언어 비판에 의한 형이상학 거부를 주제로 하고, 일상언어철학(Everyday Language Philosophy)은 언어학과 비슷한 사고의 해방을 주제로 삼는다.

생존 게임

의미를 부여하고 그 사회를 이해하도록 만드는 것이라 하였는데, 이는 사회학자 베버가 사회를 이해하는 방법과 기능주의를 연계해 발전시킨 것에 영향을 받은 결과라 할 수 있다.

이처럼 기어츠는 문화를 인간 행위의 맥락으로 인식하였기에, 문화를 하나의 지식적 유형으로 보는 레비스트로스의 구조주의를 비판하였다. 한편, 기어츠가 주장한 문화의 정의는 1970년대 역사가들에게 직접적인 영향을 미치는데, 그것은 문화 분석이 의미를 추구하는 해석과학이며 인간의 행동이 하나의 상징으로서 의미를 전달할 수 있다는 관점이었다. 이에 역사가들은 기존의 문서 연구에서 벗어나 문화를 중심으로 역사를 연구하며 인간의 의미와 가치를 탐구하는 미시사 연구의 방법을 개척하게 된다.

사회에서 문화의 지배적인 상징(Code)을 찾아낸다는 기어츠의 문화 분석의 사례는 『문화의 해석』 마지막 장에 기술되어 있는 「심층 놀이: 발리의 닭싸움의 기록Deep Play: Notes on the Balinese Cockfight」에서 단적으로 찾아볼 수 있다. 그는 영국 철학자 벤담Jeremy Bentham, 1748-1832의 공리주의 :39: 적인 관점에서 보자면, 참여하는 것 자체가 비합리적인 놀이는 도덕적으로 비판을 받아야 하며 금지시켜야 하지만 사람들은 실제로 도덕적 처벌을 감수하면서까지 그런 놀이를 아주 정열적으로 즐기고 있다고 말한다. 발리의 닭싸움이 바로 그 예인데, 닭싸움을 즐기고 있는 발리인들에게 이 놀이는 일종의 도덕적 중요성이 함축된 그들만의 상징이라는 것이다. 따라서 이 놀이를 분석함으로써 그들의 문화를 이해할 수 있다고 하였다.

이 놀이에서 내기 돈은 액수자체보다 다른 의미에서 중요성을 갖는다.

:39: 공리주의

공리주의(功利主義, Utilitarianism)는 공리성(Utility)을 가치 판단의 기준으로 하는 사상이다. 곧 어떤 행위의 옳고 그름은 그 행위가 인간의 이익과 행복을 늘리는 데 얼마나 기여하는가 하는 유용성과 결과에 따라 결정된다고 본다. 넓은 의미에서 공리주의는 효용·행복 등의 쾌락에 최대의 가치를 두는 철학적·사상적 경향을 통칭한다.

즉 명예와 존경심 등을 수반하는 지위의 문제가 걸려 있는 것이다. 닭싸움 결과에 따라서 실제 지위의 변동은 일어나지 않지만 이것은 상징적 지위의 문제로서 순간적으로 상대에게 모욕을 줄 수 있다. 발리인에게는 상대방에게 이러한 모욕을 주는 일이 일종의 즐거움이며, 모욕을 당하는 것은 고통스러운 일이다. 특히 이러한 관계를 잘 아는 사람들이 관객으로 지켜보고 있을 때 내적 모욕감은 더욱 심화된다. 따라서 닭싸움은 표층적으로는 단순한 내기 놀이지만 심층적으로는 '지위 도박'이라는 상관관계에 있으며, 경기 결과에 따라 내기꾼들 사이에는 사회적·도덕적 위계질서가 형성된다. 이 지위 도박을 통해 인간은 존재성을 획득하게 되는데, 이것은 삶의 의미를 부여해 주는 것으로서 그 가치는 경제적 비용을 보상하고도 남는 것이다. 이처럼 닭싸움에 투영된 발리인들의 지위는 닭싸움을 심층적으로 만들고 그들 사회의 질서·추상적 증오·남성성·악마의 힘과 명예심 등이 함축적으로 내재됨으로써 닭싸움만으로도 그들을 관찰할 수 있게 된다. 결국 닭싸움은 사회학적으로 통제되고 침묵되어 온 내면이 암묵적 장에 의해 표현되는 것이며, 일상생활의 맥락 속에서 인간들 간의 상호작용을 통해 생기는 복잡한 긴장을 표현하는 자리인 것이다.

6-3
호주의 문화 연구

호주는 복잡한 유럽의 식민화 과정에서 유럽인들의 이주를 통해 만들어진

국가로서, 영국적 가치관 속에 국가적 기초가 형성되었지만 지정학적으로는 아시아 태평양권에 놓여 있기에 다문화적 공간이라는 특이한 성격을 가지고 있다. 그리하여 지금껏 백인우월주의가 백인과 소수 인종 공동체 간의 갈등을 야기시켰음에도, 문화의 다양성에 초점을 맞추고 인종적 문제를 다문화주의 속에 은폐한 채 '차이 속의 공존'을 문화 정책으로 표방해 왔다. 이렇듯 동시대 문화와 아시아 문화 사이에서 모순적 상황에 놓여 있었던 호주는 국가의 정체성에 대한 고민이 문화 연구의 핵심적 논지가 될 수밖에 없었다.

호주의 문화학자들은 초기에는 동시대 문화 연구의 내용을 답습했지만, 1970년대에 들어서면서 국가적 정체성과 민속 문화에 대한 고민과 연구 끝에 결국 자체적인 문화를 성취했다고 할 수 있다. 호주의 문화학자들은 동시대 문화 이론을 학술적 체계로 받아들이면서 호주 내에서 좌파 지식인층으로 간주되었으며, 동시에 영문학을 기초로 비평주의와 국수주의적 입장에서 문화를 연구하기 시작했다. 또한 동시대 문화 연구소의 학술적 방법론을 답습하여 비학제적(Anti-discplinary) 방법론을 정착시켰다. 비학제적 방법론을 택함에 따라 문학 연구의 전통적이고 학제적인 방법론이 무너지면서 그들은 문학 이론·언어학·여성학·커뮤니케이션 이론 등을 과감하게 통섭하여 연구하고, 신문기사·대중음악·만화·영화·대중소설·패션·잡지 등을 고전문학의 분석과 연계하여 문화 연구로 발전시켰으며, 유럽의 포스트모더니즘·포스트구조주의·후기 식민주의 등의 이론들을 과감히 접목시켰다. 이를 통해 호주에서는 문화 엘리트주의가 무너지고 문화주의가 시작되었다. 이러한 그들의 연구 태도는 동시대 문화 연구와 크게 다르지 않다고 할 수 있으나, 내용 면에서는 확연한 차이점이 있다.

　가장 큰 차이점은 호주의 문화 연구가 국가와 정부의 지원을 받으며, 다문화 공간의 역사 속에서 국가적 성격(National Character)과 새로운 정체성을 만들어 내고자 하는 민족운동의 성격을 띠고 있었다는 것이다. 또 영국의 문화 연구가 계급론과 권력 구조 속에서 만들어지는 하위문화(Sub-culture) 연구에 초점을 맞춘 데 반하여 호주의 문화 연구는 지역적 주제(Local Texts)와 제도 그리고 민족적 담론들에 초점을 맞추었다. 이러한 연구 끝에 만들어진 호주 문화의 정체성은 정정당당함과 위대한 자연 그리고 서로를 돕는 건전한 정신으로 대표되었고, 호주라는 땅은 원주민의 풍부한 유산과 문화의 융합 속에서 혁신적인 사고와 활발한 예술이 있는 곳으로 표현되었는데 그 속에서 호주인의 이미지는 생존을 위해 싸워야 했던 진실한 배틀러(Battler), 무법자 또는 용감한 군인들의 이야기 등으로 나타나게 된다.

　특히 1970년대 호주 정부의 정책과 그와 연계한 자본이 영화 산업을 지원하면서 호주 영화는 부흥기를 맞게 된다. 이때 탄생한 영화들은 상업적인 내용에 크게 치우치지 않으면서 새로운 민족정서를 보여 줌으로써 국내외적으로 호주라는 국가를 재현하는 도구가 되었다. 이것은 호주의 고전주의적 시대극(Costume Drama)과 같은 전통 보수주의로부터 그들만의 독특한 문화를 소생시키며 유럽의 문화 정복 근성을 드러낸 사건으로 해석되었다. 이처럼 시간을 초월하는 풍요로운 전통, 방대한 자연적 요소와 원주민의 민속 문화 그리고 식민지 시대를 통해 만들어진 용감한 영웅 신화와 아웃도어 라이프 스타일 속에서 다문화주의와 새로운 정체성을 위한 혁신과

조지 밀러 감독과 멜 깁슨이 만든 새로운 감각의 호주 영화(The Wasteland of Post-apocalyptic Australian Outback) <매드맥스>(1979). 이 영화가 세계적인 성공을 거둔 이후 호주 영화는 새로운 평가를 받게 되었다. 1981년과 1985년에는 미국으로 진출하여 미국과 합작으로 2편과 3편이 만들어졌으며, 당시 할리우드 중심의 영화계에 신선한 바람을 일으켰다.

폴 허건 주연의 <크로커다일 던디>(1986). 호주인의 전형적 성격과 정체성을
보여 주는 영화로 세계적인 인기를 얻었다. 뉴욕 «뉴스데이» 신문의 여기자가
악어에 물렸다가 기적같이 살아난 호주 남자의 뉴스를 듣고 그를 찾아가
크로커다일 던디를 만난다. 그는 호주 밀림지대의 사냥 안내를 맡으며 살고
있는 전형적인 시골남자이다. 여기자는 취재를 위해 그와 함께 정글로 여행을
하면서 던디에게 묘한 매력을 느끼고 결국 함께 뉴욕으로 돌아온다. 호주인의
정체성을 미국에 심겠다는 의도를 깔고 상업화된 작품이다.

문화적 열망을 실현시킨 것이 바로 호주의 문화이다.

또한 호주의 문화학자들은 문화를 지배와 관리의 관계 속에서 파악하고
정책적인 면을 전제로 정의하며, 문화를 총체적으로 들여다보면서 각기
다른 문화 영역들을 정치 체계 안에서 목적에 따라 분별하고 규정하였다.
이처럼 정치적 관계 속에서 구체적인 방식들을 개발하고 문화의 영역 내에서
실행되어야 한다고 주장하던 호주의 문화 연구가들은 문화 정책의 이론적
개입을 공론화시켰다. 그리고 이를 가능케 했던 학술적 기초에는 동시대 문화
연구가 있었다. 예컨대 호주의 문화학자인 미건 모리스Meaghan Morris, 1950-는
문화 연구는 한정적이고 지역적인 동시에 국가적이고 국제적인 관계 속에서
가능하며, 호주의 문화 연구는 거대한 이론적 연구들보다 공공미디어에서의
논쟁을 통해 발전하고 있고, 따라서 과거 역사보다는 정치경제와 지리정치학에
집중하여 종족적이고 정책적인 면을 연구한다고 하였다.

<사막의 여왕 프리실라>(1993). 세 명의 드랙퀸(남자가 여장을 하고 춤추는
직업적 쇼걸)이 우연히 만나 스쿨버스 '프리실라'를 타고 사막 여행을 하며
그들의 정체성을 확인해 간다는 스토리. 로드무비 형식의 이 영화는 호주의
넓디넓은 사막 전체를 촬영 장소로 사용했으며, 화려한 의상과 화면 등이
예술적 경지를 보여 주었다. 서구 사회에서 퀴어무비(Queer Movie)로 크게
각광받으며 브로드웨이 뮤지컬로 만들어지기도 했다.

프랑스의 문화 연구

프랑스의 문화 연구는 유럽 중심의 기호학·사회학·문학·언어학·인류학·철학 분야를 통합하는 이론 및 방법론의 개발에 심혈을 기울였다. 유럽을 위시한 세계 문화와 정서를 지배해 왔다고 자처하던 프랑스는 1945년 제2차 세계대전 종전 이후 독일로부터 자존심에 깊은 상처를 입는다. 이 시기에 프랑스는 드골의 탈식민지화 정책에 따라 해외 영토를 해방하기로 하는데, 그 이유는 첫째 식민지를 계속 추구하는 것이 프랑스의 능력을 넘어서는 것이라는 판단, 둘째 식민지 정책은 파괴적인 것이라는 인식, 셋째 더 큰 국가 이익을 추구하려는 미래적 관점과 평소 중시해 온 민족자결 정신 때문이었다. 이로써 132년간이나 프랑스의 식민지 지배를 받던 알제리가 1962년에 독립했고, 1960년대 초 아프리카 구식민지들은 스스로 발전과 전진을 추구하려는 민족자주정신을 갖기 시작했다. 또 베트남·라오스·캄보디아 등이 포함된 인도차이나에서도 해방의 움직임이 일어났다. 이와 같은 국제적·사회적 변화는 프랑스의 영토 경계를 무너뜨리고, 지역 간의 갈등을 심화시키면서 심한 정체성의 상실과 함께 프랑스 문화 자체에 대한 근본적인 혼란을 가져왔다. 따라서 프랑스의 문화 연구는 프랑스의 정체성과 프랑스인의 기준이 과연 무엇인가라는 본질적 문제에 봉착하게 되었다. 이러한 본질적 문제를 더욱 복잡하게 만든 것은, 오랜 식민 통치 역사를 통해 발생된(동부 유럽·중앙 유럽·지중해 연안의 유럽 국가를 비롯하여 북부 아프리카에서 밀려들어 온) 수많은 이민자들로 인한 다민족 현상과 그에 따른 인종의 혼재 상태, 그리고 곳곳에서(벨기에·스위스·북부 아프리카 등)

프랑스어를 사용하는 거대한 프랑스어 공동체(Pays Francophone)들의 존재였다. 또한 프랑스 내부의 사회적 분열 :40: 에 따른 지역감정과 파리라는 특정 도시의 헤게모니가 그들의 정체성을 더욱 복잡하게 만들었다.

이와 같은 혼란스러운 형국을 풀어 가기 위해 프랑스는 이민자들과 그들의 문화를 부각시켜 프랑스에 친화시키려는 정책을 시도했다. 즉 그들의 문화적 수준을 끌어올리고 친화를 꾀하여 프랑스 문화에 귀화시키려 했던 것이다. 그러나 이러한 정책은 성공을 거두지 못하고 철회된다. 이민자들의 문화를 자국에 귀화 또는 친화시키는 것은 결코 쉬운 문제가 아니었다. 이런 과정에서 프랑스는 자국과 이민자들의 색다른 문화를 더욱 깊이 자각하고 새로운 방향을 모색하기 시작했다. 그들은 정책적으로 일정한 교육을 통해 다문화가 공존할 수 있는 연합의 조건을 내세우면서(연합 이론 - Theory of Association) 프랑스 내 이색 문화의 합법성을 허락하게 되었다.

이러한 현실 속에서 '프랑스-아프리카 문화(French-African Culture)'라는 쟁점이 프랑스의 문화 연구 속에 하나의 중요한 과제로 부각된다. 그리하여 과연 프랑스-아프리카 문화가 자국 내에서 어떻게 일반화되어 가고 있으며, 아프리카의 관습 속에서 각기 다른 인종들이 어떻게 그룹을 형성하고 있는지에 대한 연구가 시작되었다. 또한 사회 분열에 따른 지역감정 악화 그리고 변방의 문화와 문화 계급이 어떻게 형성되는지에 대한 연구도 쟁점으로 떠올랐다. 더욱이 유럽의 긴 역사를 주도해 온 프랑스는 오랜 시간 이웃인 독일과 문화적 영향을 주고받으며 독일과의 차별성에서 자신들의 정체성을 확립시켜 왔지만, 1945년 제2차 세계대전의 종전 이후 미국이 강력한 경제력을 앞세워 문화

:40: 프랑스 내부의 사회적 분열
프랑스는 제2차 세계대전 중이었던 1940년에 나치 독일에 항복함으로써 제3 공화국이 무너지고 드골이 주도하는 자유 프랑스와 페탱이 주도하는 비시 프랑스로 분열된다.

침투를 감행하면서 '프랑스의 미국화'가 프랑스 문화 연구의 또 다른 이슈가 되었다. 미국의 소비 이론은 그들의 진부한 규범을 무너뜨렸으며, 실제적으로 영어 사용(Franco Anglais)이 확산되면서 언어가 침투당하는 현실에 직면하게 된 것이다. 프랑스인들은 이러한 이국 문화와 외국인의 영향력에 대하여 겉으로는 소극적 태도를 보였으나 내적으로는 문화적 자존심에 큰 상처를 입었다.

이처럼 프랑스는 오랜 식민 정치의 역사로 인한 특이한 문화 구조와 이웃 독일의 문화적 영향력, 여기에 미국 자본주의 문화의 침투가 더해지면서 자존심을 지키기 위한 투쟁으로서 문화 연구를 시작하게 된다. 혼란에 처한 국가와 국민의 정체성 그리고 프랑스의 문화적 영토의 경계 및 인종과 계급에 대한 본질적 질문을 하게 되고, 이는 자연스럽게 문화에 대한 고민으로 이어져 결국 문화 연구와 프랑스 문화 발전의 결정적인 계기로 작용하게 된다.

한편 피에르 부르디외Pierre Bourdieu, 1930-2002 :41: 같은 프랑스의 사회학자는 정체성의 혼란을 겪고 있는 프랑스 문화의 모습은 사회에서 각기 다른 집단들에 의해 만들어지는 문화와 그 집단들이 가지고 있는 권력의 분포 사이에서 벌어지는 본질적 관계의 충돌을 의미한다고 말했다. 예컨대 노동계급들은 그들의 사회적 형편상 미술관이나 화랑에 가는 경우가 적으며 그에 따라 스스로 현대미술과는 멀어져 있다. 따라서 노동계급에게 미술관은 교회와 같이 거룩한 성역으로 여겨지며, 그로 인해 스스로 중산층이나 상류계급으로부터의 일탈 현상을 경험하면서 반항적 적개심을 갖게 된다는 것이다. 이와 같은 현상에 의해 일종의 계급 차이와 사회 권력이 형성되며 그 분포도 사이에서 본질적 관계의 충돌이 일어난다. 결국 미술관 같은 장소는

피에르 부르디외

:41: 피에르 부르디외

프랑스의 사회학자. 사회학을 '구조와 기능의 차원에서 기술하는 학문'으로 파악하였으며, 신자유주의를 비판하였다. 그가 제창한 '아비투스(Habitus)'의 개념은 유명하다. 아비투스는 일정하게 구조화된 개인의 성향 체계를 말한다. 그것은 무의식에 속하며 어떤 사회적인 문제에 대해 우리의 판단이나 행동을 만들어내는 내재된 계급의식이다. 아비투스는 구조주의의 구조와 개인을 연결시켜 주는 역할을 하며 개인 행동의 통계적 규칙성을 예측 가능케 해준다.

생존 게임

특권 계층의 장소로 권위를 갖게 되며 동시에 비천한 문화와 고급문화의 정당한 경계마저도 창출하게 된다고 하였다. 이러한 관점은 예술을 우리 삶 속의 부차적인 놀이로 보았던 동시대 문화 연구소의 리처드 호가트와 비슷한 시각에서 출발했다고 할 수 있다. 피에르 부르디외는 이러한 현상 속에서 미적 가치의 기준이 더 이상 자율적인 미적 기준을 목표하는 것이 아니라, 한 계급이 다른 계급을 지배하는 권력 체계와 그에 따라 나누어진 계급 간의 차별화로 이어지며 각 계급의 미적·문화적 성향마저도 결정하게 된다고 하였다. 이 과정에서 노동계급·중산층·상류계급 간의 문화적 성향은 하나의 문화적 코드로 자리 잡으면서 차별화가 이루어지는데, 여기에서 문화코드를 읽어 내고 이해하는 능력이 '문화 자본(Cultural Capital)'이 된다고 하였다.

이렇게 계급 간의 문화적 차이가 하나의 코드로 상정되기 때문에 문화 자본은 사회 계급에게 공정히 분배되지 않는다. 예컨대 상류사회를 겨냥한 고가의 미술품들은 특정 미술관이나 상류사회의 경매장 등에서만 다루어지며 노동계급에게는 그 작품들을 접할 수 있는 기회가 주어지지 않기 때문에 각 계급의 문화적 차별과 성향은 크게 달라지는데, 이러한 현상을 조장하고 결정하는 데 문화의 자본화(문화를 이해하고 읽는 힘)가 큰 역할을 하고 있다는 것이다. 이와 같이 문화가 자본화되기 시작하면서 노동계급들은 더욱더 문화적 차등 현상을 겪으며 권력으로부터 문화적 피지배계급으로 전락하게 된다는 것이다. 피에르 부르디외는 이런 관점에서 벌어지는 문화 자본화의 합법적 의미와 지배문화와 피지배문화의 정당성에 대한 의미적 투쟁과 쟁점을 『구별Distinction: A Social Critique of the Judgement of Taste』(1980)에서 강조하고 있다. 특히 1963년과 1967-68년에는 현황조사(Survey)를 통해 약 1,217개의 다른 주제별로 프랑스 사회의 취향을 알아보려 하였다. 그는 음악·미술·연극·주택 장식·문학 그리고 과거 사회 등에 관한 개인의 취향들과 예술에 관한 지식의 정도나 인지도 등을 조사하면서, 미학의 양식(Taste of Aesthetics)·자본(Capital)·계급과 집단 경향(Class and Status Group)·집단(Group) 그리고 사회 이론(Theory of Society)을 설명하였다.

부르디외는 칸트의 미학이 비록 철학적 미를 근거로 하고 있지만, 미학의 범주와 규범의 기초는 중간 계급에서 일어나는 현상에 기초를 두고 있다고 지적한다. 그는 진정한 미는 사물과 현상에 거리를 두고, 지배되거나 연루되지 않는 상황에서 즐길 수 있을 때 찾을 수 있다고 말한다. 그러나 날마다 생활고에 놓여 있는 상태에서 진정하고 순수한 미를 발견하기는 힘들며, 따라서 상황과 현실에 지배받지 않고 미를 순수한 미로서 재발견할 수 있는 여유와 거리감은 부르주아(Bourgeois) 계급이 생산 노동의 상황에서 벗어났을 때에만 가능하다고 여겼다. 이처럼 경제·교육·자본·문화 등은 하나의 틀 안에 묶여 있으며, 그 속에서 우리가 계급과 집단 경향(Class and Status Group)을 이해할 때 사회와 문화의 분석이 가능하다는 것이 부르디외의 주장이다.

6-5

남아시아와 인도의 문화 연구

남아시아 문화 연구(South Asia Cultural Studies)의 발전 과정을 들여다보면 그

중심에 인도의 지식인들이 자리하고 있음을 알 수 있다. 1947년 영국으로부터 독립하기까지 오랜 세월 서양의 식민 지배를 받았던 인도는 1964년 델리에 '인도 사회발전 연구 센터 CSDS(The Centre for the Study of Developing Societies)'를 설립한다. CSDS는 인도에서 가장 이름 있는 독립기관으로, 인도의 지식인들이 모여 민주화와 문화 그리고 정치와 경제를 비롯해 과학과 테크놀로지의 담론 및 다양한 민족성에 대해 연구하는 기관이었다. CSDS는 이러한 연구를 이론적으로 정리해 가면서 토착화되어 있는 자생적 사회 지식을 기초로 문화 연구를 발전시켰다. 이런 흐름 안에서 인도의 학자들은 문화의 전이에 따른 문제점과 정치·경제 및 과학의 연관성 속에서 문화의 기초적 카테고리를 어떻게 표준화할 수 있는가에 대해 질문한다. 그럼으로써 시대적 또는 역사적 구조 속에서 전근대적 상황이 모던의 흐름으로 전이되며 벌어지는 새로운 경험과 전근대적 상황과 모던의 흐름이 서로 교류하고 소통하는 문제, 그리고 새로운 문화의 형성 과정에 대한 연구에 주력했다.

　이들의 연구에 따르면 문화란 서로 간의 대화를 통한 이해의 과정에서 그 힘을 발휘하며 형성되기도 하지만 대화가 완전히 단절된 상황 즉, 올바른 이해가 성립되지 않은 상태 속에서도 도발적인 이론이 만들어질 수 있고, 그 오해 속에서 또 다시 전혀 다른 문화가 만들어지기도 한다. 그러나 이와 같은 관점에 대해 힌두 국수주의자들은 전혀 의견을 달리하면서 자체적인 문화, 즉 모던의 흐름 속에서 변방 문화로 취급된 힌두 문화를 전략적으로 펼쳐 나아가며 자신들의 문화를 승화시켜야 한다는 태도로 대응하기도 했다. 그러나 결국 이 두 가지의 다른 문화 연구들이 추구했던 것은 20세기의 모던적 국가주의·세속주의·과학과 합리성 그리고 문화적 세계주의 같은 서양 사회의 패권주의적 아이디어와 메커니즘으로부터 정치적으로 소외된 자들을 어떻게 회생시킬 수 있는가 하는 것이었다.

　이러한 연구들이 진행되던 중, 1970년대에 들어서면서 남아시아 문화 연구는 본격적으로 달아오르게 된다. 이 연구는 서양 모더니즘의 중심적 정신계인 이성주의에서 발생되는 병리적 현상과 서양 중심의 모더니티(Modernity)에 대한 저항적 비평에 근거한 것이었으며, 저술 활동을 시작으로 확산되어 나중에는 정치에까지 영향을 미치게 된다. 특히 1978년 지트 우베로이Jit Singh Uberoi의 『과학과 문화Science and Culture』와 1980년에 출간된 애쉬스 난디Ashis Nandy, 1937-의 『대안 과학Alternative Sciences: Creativity and Authenticity in Two Indian Scientists』 같은 책들이 남아시아 연구의 기초가 됐다. 난디의 저작 『대안 과학』은 식물 생리학자인 자가디시 보스Jagadish C. Bose, 1858-1937와 교육받지 않은 천재 수학자 스리니바사 라마누잔Srinivasa Ramanujan, 1887-1920이라는 두 인도 과학자의 삶을 조명하면서 인도의 과학을 기리고 그들이 처했던 식민지의 상황과 대립시키고 있다.

　1980년 6월에는 디팍 쿠마Deepak Kumar, 1952-를 중심으로 간디안(Gandhians) :42: 과 젊은 지식인들이 모여 '애국민족 과학기술 모임 PPST(Patriotic People's Science and Technology Group)'를 결성하였다. 그들은 서양의 식민주의적 영향에 의한 발전이 아닌 자국의 독자적이고 진정한 사회 발전을 위해 식민주의자들이 이룬 과학이나 테크놀로지와 결별해야 하며, 자국민들에게 독자적인 과학과 테크놀로지 교육이 필요하다고 선언했다.

:42: 간디안
간디와 그의 사상을 따르는 사람들

여기에서 식민주의자들의 과학과 테크놀로지가 의미하는 것은 무엇일까? 예컨대 유럽 모던 사회의 출발은 과학의 발전과 밀접한 관계에 놓여 있다. 이때 과학 관념론과 종교 관념론이 충돌하여 과학만이 진리라는 주장 아래 종교가 배척을 받았다. 또한 과학은 실천적 구체화를 통해 사회의 물질적 조건을 바꾸는 데 성공했는데, 그 모습은 모더니티의 현상과 맞물려 있다. 따라서 남아시아인들에게 그들을 지배했던 식민주의자의 과학이란 아마도 모더니즘이라는 서양의 정신 사조를 대표하는 상징이었으며, 테크놀로지란 서양의 모더니티를 앞세워 그들을 침범하던 표면적이고 실제적 현상을 의미하는 것일 수 있다. 그 후 많은 젊은 지식인들에 의해 다양한 모임과 그룹이 생겨나며 인도의 문화 연구는 활발한 저널 활동을 통해 정치적 영향력을 행사하게 된다.

　　UCLA(University of California, Los Angeles) 교수로 있는 비네이 랄Vinay Lal은 『남아시아 문화 연구South Asian Cultural studies: A Bibliography』(1996)를 통해 남아시아 문화 연구의 체계적 흐름을 정리하여 서구 사회에 알렸다. 이 책은 사회과학적 관점에서 민족성·계급·인종·성의 문제 등을 체계적으로 서술하며 서구 문명과 남아시아의 식민지화 과정에 대해 맹렬한 질문을 던진다. 남아시아 문화 연구로 불리며 인도의 지식인들에 의해 시도되었고 비네이 랄이 이끈 이 흐름은 시간이 흐르면서 종속집단 연구(Subaltern Studies)와 생태학적 연구(Ecological Studies)로 이어졌고, 여기에 인도의 비평주의 문학이 직접적으로 개입하면서 서양의 이성주의적 지식체계와 미국의 문화 연구에 대항하는 강력한 비평들이 쏟아진다. 그리고 마침내는 서양에서도 이와 같은 상대적 문화

비네이 랄

연구(Contour Cultural Studies)의 가치와 중요성을 인정하게 된다.

　오랜 식민지 생활을 통해 생겨난 복잡하고 난해한 문화의 결과에서 시작된 남아시아 문화 연구가 종속집단 연구로 이어지는 과정에는 델리 대학을 중심으로 형성된 '종속집단 연구회(Subaltern Studies Collective)'가 있었다. 그들은 1982년 ≪종속집단 저널Subaltern Studies Journal - Subaltern Studies: Writings on South Asian History and Society≫의 창간과 함께 출범하였다. 종속집단 연구회에서 사용하는 '종속집단(Subaltern - 하위 계층)'이란 용어는, 그람시의 「역사의 주변부: 종속집단 사회의 역사On the Margins of History: History of the Subaltern Social Group」(1934)로부터 인용된 것이다. 그람시가 말하는 종속집단이란 다른 집단으로부터의 지배와 착취로 인해 스스로의 계급의식을 상실한 집단을 뜻하지만, 종속집단 연구회에 따르면 종속집단이란 영국 식민주의자들에 반대하는 폭도 또는 반항자들로 간주되기도 하고, 때론 인도의 전체 인구와 소수의 지식층(Elite) 간의 인구 통계학적 차이에서 만들어지는 저항력, 즉 일반 대중에 저항하는 소수의 지식 집단으로 간주되기도 하며, 일반적으로는 민중을 뜻하기도 한다.

　종속집단 연구는 기초적으로 인도의 식민 역사에서 시작되었다. 이 연구의 기본 목적은 식민화 과정에서 만들어진 종속집단의 의식 세계를 의미 있는 것으로 입증하여 이론을 확립시키는 것, 그리고 그 과정에서 그들만의 자체적 지식 또는 지식인들이 이룩한 공헌의 역사를 조사하고 발론(發論)하여 세계에 알리고 자립하는 것이었다. 즉, 그들의 역사에 대한 재인식과 개척 또는 교정, 혹은 이론적 의식과 사상을 제공하기 위한 것이었다. 종속집단 연구회는 역사와 정치 그리고 남아시아에 대한 비평적 연구를 바탕으로 젊은 지식인들로 아주 단단히 결성되었는데, 그중에는 후기 식민지 연구(Post-colonial Studies)로 이미 국제적으로 잘 알려진 가야트리 스피박Gayatri C. Spivak, 1942- 도 있었다.

시기적으로 보았을 때 이러한 남아시아 문화 연구와 영국의 동시대 문화 연구는 비슷한 시기에 발전되었음에도 불구하고, 영국의 문화 학자들은 어떠한 연관도 맺으려 하지 않을 뿐더러 인도의 학자들이 영국의 연구에서 영향을 받았을 것이라는 모호한 의사 표시를 할 뿐이다. 그러나 식민의 역사 속에서 오랜 관계를 맺어 온 영국과 인도는 어느 한쪽이 일방적으로 영향을 주었다고 할 수 없을 정도로 끊임없이 서로 영향을 주고받았다. 따라서 어쩌면 영국보다 더 혼란한 문화적 충격을 수세기 동안 겪어 오던 인도의 문화 연구가 일정 부분 영국의 학자들에게 가르침이 되었다는 것을 인정하지 않을 수 없을 것이다.

그러나 종속집단 연구회는 자국민인 인도인들로부터 많은 비난과 탄압의 대상이 되기도 한다. 그 비난의 내용들을 살펴보면 첫째, 이들의 학문적 배경이 된 사상은 마르크스주의와 이론적 엘리트주의로, 이것은 서양으로부터 수입된 것이며 인도의 기본 사상과 근본적으로 다르다는 것이다. 둘째, 인도를 식민의 슬픈 역사로부터 해방시키고 역사적 의식과 사상을 재건하겠다는 그들의 연구는 그들 스스로 인도의 슬픈 식민 역사를 공격하고 비하하고 있다는 것이다. 더욱이 종속집단 연구회는 문화적 식민주의에 저항하고 있지만 인도의 정신적 지주인 간디Mohandas K. Gandhi, 1869-1948 사상의 영향력과 역사적 의미를 잊고 있으며 인도에서 사용되는 영어의 실제적 의미, 영어와 인도어의 정치적 관계성, 영어와 카스트에서 만들어지는 계급 구조의 문제 그리고 인도에서 영어가 가지고 있는 헤게모니의 실체 등을 서양주의나 서양식의 방법론으로 해결하면서 인도를 재건하고자 한다는 공격을 받았다. 그러나 이러한 비난에도 불구하고 종속집단 연구의 흐름은 서양의 문화 연구자들에게 20세기 중반 이후 문화 세계화의 과정과 역사 속에서 심도 깊은 연구를 위한 하나의 모델이 되었다.

6-6
대한민국의 문화 정체성

2000년대 초 저자는 강의 초청을 받아 한국에 들어온 사이 누님과 함께 식사를 하게 되었다. 누님은 "네가 대학에서 강의하는 과목이 무엇이냐?"고 물으셨고, 나는 문화 이론이라고 대답했다. 그 순간 누님은 난색을 표하시며 "도대체 문화가 뭐냐? 우리가 대학 다닐 당시는 문화라는 말을 들어 본 적이 없다"고 하시는 것이었다. 저자의 누님은 70년대 초 서울에서 대학을 졸업하고 미국으로 이주한 비교적 엘리트에 속하는 여성이었지만, 그런 사람에게도 문화라는 말은 생소한 단어였다. 철학이나 역사 또는 예술이 아닌, 그녀가 대학에서 접하지 못한 '문화'를 내가 대학에서 강의한다는 것이 누님에게는 매우 이상했던 것이다. 이처럼 60년대에 이미 문화에 관한 학술이 활발히 시작되었던 서양과는 달리, 70년대까지도 우리나라에서는 문화라는 개념이 불분명하고 생소한 상태였다.

우리나라에서는 1970년대에 '예술'의 개념을 토대로 문화에 대한 논의를 시작했지만, 이를 진정한 문화 연구로 보기에는 무리가 있다. 1980년대에 와서는 노동자를 중심으로 현장의 문화 운동을 둘러싼 논의가 전개되면서 저항문화와 민중문화에 대한 연구가 일부 학자들 사이에서 있었다. 그리고 88올림픽 이후인 1990년대 들어서서는 자의 반 타의 반으로 서양 문화가 쏟아져 들어왔고, 서양 문화가 우리 젊은이들에게 개방됨에 따라 소비문화와 대중문화, 그리고 포스트모던 문화에 대한 논의가 시작되면서 또 다른 국면을 맞게 된다. 이러한 실정에서 2002년 저자가 초빙되어 처음으로 한국의 대학 강단에서 문화 이론을 강의했을 당시만 해도 학생들은 문화 연구를 무척 생소해했다. 그러나 몇 년이 지나지 않아 대학들은 문화 연구 과정을 설립하거나 문화 연구 수업을 정식 코스로 만들기에 이르렀는데, 그 내용은 영국의 동시대 문화 연구소(CCCS)를 하나의 모델로 삼고 있었다. 이처럼 문화 연구가 각 대학에서 앞다투어 정착되어 가는 것은 아마도 우리의 혼란스러운 상황이 문화 연구를 필요로 하고 있기 때문일 것이다.

미국 자본주의와 우리 문화의 형성

19세기 후반 갑오개혁으로 우리나라에서도 근대적인 개혁 운동이 시작되었으나, 개화기의 혼란이 정리되기도 전에 일제 치하에 놓이게 되면서 일본 근대화의 흐름에 따른 개화가 우리나라 근대문화 역사의 한 부분으로 자리 잡았다. 그리고 해방 후의 정치적 갈등 구조를 해결하지 못한 채 한국전쟁이 일어나고, 전쟁을 통해 우리 눈에 비친 막강한 미국을 부러움과 경계의 대상으로 여기며 표면적인 모습을 흉내 내듯 이끌려 갔던 것이 우리 문화화의 역사였다.

우리는 서양과 현대사회 그리고 진보한 문화의 개념을 미국을 통해 이해하면서 현대화(Modernization)와 서양화(Westernization)와 미국화(Americanization)를 동일시하게 되었다. 이것은 국제관계와 권력 구조에서 비롯된 우리 역사의 한 부분이자, 간과할 수 없는 우리의 현실이고 문화화의 과정이었다. 전쟁 후 가난 속에서 본 미국의 존재와 남북 대립이라는 국가적 현실, 그리고 일제강점기의 잔재가 뒤섞여 있던 우리의 생활 속에서 생존에 대한 절박함과 과거의 상처에 대한 뼈아픈 기억은 미국으로 대표되는 서구 문화를 더 강하게 흡수하거나 동경, 혹은 거부하는 데 일조하기도 했다.

이렇게 자리 잡은 문화의 유형을 정리하자면 첫째로 '가난에서의 탈출'이라는 현실적 목표가 만들어 낸 것으로, 충분히 이해하지 않고 성급하게 받아들인 미국의 수정자본주의 :43: 에 의해 형성된 사회와 그 사회에서 출현한 대중문화를 들 수 있다. 이것은 산업화와 노동계급의 출현이 고급문화와 충돌하면서 만들어진 과거의 유럽 대중문화와는 다른 것이며, 제2차 세계대전 이후 미국이 자국의 정체성을 정당화시키기 위해서 정책적으로 토착화시킨 미국의 대중문화와도 다른 것이다. 한국전쟁 이후 우리는 자본주의의 본질과 역사를 이해하고 토착화시켰다기보다는 미국식 수정자본주의를 흉내 내고 편파적으로 적용하면서 재벌의 출현과 빈부의 격차에 의한 새로운 계급론을 만들어 냈다. 예컨대 일제강점기를 보내며 사라졌던 과거의 계급론이 자본력을 기준으로 상위계층과 하위계층으로 나뉘며(실질적으로 자본주의를 대표하는 미국 사회에서 자본력을 중심으로 한 계급론은 효력을 잃었지만) 새로운 모습으로 부활한 것이다.

:43: 수정자본주의

자본주의 체제에 국가가 적극적으로 개입함으로써 자본주의 발전에 따른 제반 모순을 근본적으로 해결할 수 있다는 이론. 1929년 세계 대공황 이후 미국의 뉴딜 정책이나 영국의 복지국가 정책 등이 구체적인 예이다. 현대의 대기업에서는 자본(소유)과 경영이 분리되어 예전처럼 자본을 소유한 소수자의 지배는 후퇴하고 대중이 널리 자본을 소유하며, 기업은 전문 경영자가 주주·경영자·노동자와의 협의를 통해 운영한다. 이로 인해 자본의 소유·비소유에 의해 계급적 대립을 설명한 마르크스주의적 계급사회관은 타당성을 잃는다는 주장(경영자혁명론·주식민주화론), 국가가 종래의 자유방임주의를 포기하고 초계급적 입장에서 적극적으로 투자 및 경제 활동의 통제를 통해 자본주의의 결함을 제거한다는 주장(케인스 학파), 누진과세와 사회보장제도 등으로 사회 여러 계층의 소득을 평준화하여 소득 불평등에서 발생하는 모순과 곤란을 제거하고 사회 전체의 유효 수요를 증대하여 불황을 회피한다는 주장(소득혁명론) 등이 수정자본주의에 해당한다. 또한 종래의 독점배제론과 반대로 독점을 용인하며 현대의 대규모 기술혁신은 독접기업 체제하에서만 가능하다는 독점긍정론도 넓은 의미에서 수정자본주의로 볼 수 있다.

상위계층 문화 = 고급문화

서민계층 문화 = 대중문화

제1차 세계대전 이후, 경제 불황 속에서 미국의 루스벨트Franklin Roosevelt, 1882-1945 대통령에 의해 성과를 거둔 수정자본주의는, 국가 차원의 경제 통제를 통해 자본주의의 결함을 제거하고 사회 여러 계층의 소득을 평준화함으로써 소득 불평등을 해결하고 경제 불황을 극복한다는 일종의 소득혁명론이라 할 수 있었다. 즉, 투자를 유치하고 불경기의 시장을 회복하고 사회보장제도를 통해 사회 구성원의 생활권을 보장하는 복지국가를 도모하는 것이었다. 그러나 우리의 입장은 달랐다. 미국의 수정자본주의를 흉내 낸 결과가 사회보장제도로 나타난 것이 아니라, 대외적으로 경제 발전의 모습을 보여 주는 데 급급했고 내부적으로는 몇몇 재벌 경제에 치중하여 소득의 불평등이 극대화되면서 상위계층과 하위계층이라는 계급의 형성을 가속화시키는 기제로 작용한 것이다. 이러한 실정에서 하위계층이 즐기는 문화를 일종의 대중문화로 인식하기 시작했고, 상대적으로 상위계급이 즐기는 문화가 고급문화라는 인식을 낳게 되었다(이런 모습은 1990년대에 문화가 개방되면서 다양한

비싼 것이 좋은 것이라는 인식이 낳은 명품 선호 문화. 문화적으로 신분 상승을 꿈꾸게 만드는 역할을 한다.

서양 문화를 향유할 수 있는 장이 마련되기 전까지 계속되었다). 결국 자본력에 의해 상위계층 문화(=고급문화)와 하위계층 문화(=대중문화)가 나뉘게 된 것이다.

또한 제2차 세계대전 이후 미국 사회에는 자유주의 바람이 불었는데 이것이 1970년대 이후 신자유주의 :44: 경제로 이동하면서 이윤의 극대화가 강조되자 자본주의는 도덕성의 위기에 봉착하게 된다. 그러나 1990년대에 들어서면서부터 미국의 신자유주의 경제의 영향을 받기 시작한 우리 사회는 위기에 봉착한 미국식 자본주의의 역사를 파악하고 우리에게 맞는 자본주의를 토착화시켰다기보다는 이윤의 극대화가 강조되는 미국 신자유주의 경제의 단편적인 면, 즉 미디어를 통해 부각된 부유한 미국의 모습이 각인되어 돈이 자본주의의 파라다이스를 만든다는 식의 개념이 젊은이들에게 형성되었다. 이렇듯 이윤의 획득이 자본주의의 도덕성을 앞서게 되면서 배금주의(Mammonism) :45: 현상이 문화를 지배하게 된 것이다. 이러한 흐름에 의해 현시점의 우리 문화는 내용적 가치로 평가되기보다는 자본의 가치로 평가되고 있으며 이 때문에 비싸게 취급되는 문화가 마치 좋은 문화인 듯 인식되고 있는 것이다.

여기에서 우리는 자본주의의 역사를 한번 들여다볼 필요가 있다. 과거 농경사회에서 개인의 사적 소유란 극히 제한적이었지만, 중세의 길드(Guild)가 시작되면서 도제와 같은 임금노동자가 출현했다. 일부 학자들은 이 모습을 자본주의의 근거로 보기도 한다. 그러나 15-18세기까지 유럽의 국가들은 국내 산업의 보호와 해외 식민지 개척 등을 경제 정책의 핵심 전략으로 삼았는데, 이것은 일종의 중상주의적 사고에서 나온 전략으로서 대부분의 학자들은

:44: 신자유의
국가 권력의 시장 개입을 비판하고 시장의 기능과 민간의 자유로운 활동을 중시하는 이론

:45: 배금주의
황금만능주의 또는 물질만능주의라고도 한다. 돈을 삶의 가장 중요한 가치로 여겨 모든 것을 돈과 연관시켜 생각하고, 돈이면 무엇이든 할 수 있다는 돈 제일주의를 일컫는다. 인생의 목적 역시 돈을 모으는 데 두기 때문에 심할 경우에는 돈을 신격화하는 현상이 빚어지기도 한다.

생존 게임

중상주의(Mercantilism) :46: 를 초기 자본주의의 모습으로 파악한다. 그리고 18-19세기까지는 영국에서 시작된 산업혁명이 경제·사회적 변화를 일으키고 확산시키며 세계를 바꾸어 놓은 것을 자본주의 역사의 과정으로 볼 수 있다. 19세기 말-20세기 초는 산업 자본주의에서 금융 자본주의로 전환되던 시대이다. 바로 은행과 같은 금융기관이 주도권을 갖는 자본주의의 형태로, 주식회사 등의 기업 형태를 발전시켰다.

그러나 1928년부터 일부 국가에서 시작되었던 공황이 1929년 10월 24일 뉴욕 주식시장 대폭락과 함께 세계로 확산되면서 세계 대공황이 시작되었고, 이로 인해 자본주의는 더 이상 세이의 법칙(Say's Law) :47: 과 같은 공급 위주의 경제를 확신할 수 없게 되었다. 그 결과 케인스 경제학 :48: 과 같은 적극적인 정부 주도의 경제가 도입되면서 수정자본주의의 시대가 열린다. 미국의 루스벨트 대통령은 이러한 수정자본주의를 이끌었던 대표적인 인물이었다. 1932년에 미국의 대통령이 된 루스벨트는 뉴딜 정책을 채택하여 공황으로부터 탈출하는 데 성공했고, 연방정부의 권한을 크게 확대시켜 나가면서 미국의 수정자본주의를 실천해 간다.

1945년 제2차 세계대전 이후 미국은 더욱 더 막강한 경제력을 얻었고, 마샬 정책(Marshall Plan)을 통해 피폐한 여러 나라의 부흥과 후진국 원조에 관여하면서 자본주의의 세계화에 앞장선다. 또 국가주의에서 벗어나 개인의 자유를 더욱 중요시하는 자유주의로 방향을 전환하면서 전 세계의 자본주의 진영을 주도하고 미국 자본주의를 확고히 성립시킨다. 1970년대 들어 글로벌 경제가 가속화되면서 국가적 경계의 제한성을 비판하고 신자유주의를

:46: 중상주의
세계 경제와 무역의 총량이 불변한다는 가정 아래 자본의 공급에 의해 국가가 번영할 수 있다는 경제 이론.

:47: 세이의 법칙
프랑스의 경제학자 장 밥티스트 세이Jean-Baptiste Say, 1767-1832의 이름에서 기원한다. 판로설(販路說)이라고도 하며, 고전학파의 경제학에서 공통적으로 전제되어 온 견해이다. 즉, 생산은 이에 참가한 생산 요소가 같은 소득을 얻게 하며, 또 소비나 기타 방도를 통하여 그 생산물의 수요가 되기 때문에 공급은 수요를 낳고, 경제 전반에 걸쳐 과잉 생산은 있을 수 없다는 학설이다. 이 같은 명제는 후일 마르크스와 케인스로부터 투자는 반드시 저축과 일치하지는 않는다는 등의 비판을 받았다.

프랭클린 루스벨트

로널드 레이건

부각시키며, 정치적 방법들(WTO - 세계 무역 기구, IBRD - 세계 은행, ADB - 아시아 개발
은행, FTA - 자유무역 협정 등)을 통해 타국의 시장 개방과 국제 금융의 자유화
작업을 시작했다. 이것은 애덤 스미스Adam Smith, 1723-1790가 『국부론The Wealth
of Nations』(1776) :49: 에서 주창한 '보이지 않는 손'에 의한 시장에 대한 믿음을
공고히 함으로써 시장 기능을 중시한 이론이라고 할 수 있다.

　1980년대 이후 마거릿 대처나 로널드 레이건Ronald W. Reagan, 1911-2004이
시행한 경제 정책은 신자유주의 경제의 대표 사례로서, 이 시기는 국제적인
시장 개방과 금융 자유화에 따르는 규격 철폐 및 정보화가 이루어지면서 기업
간의 경쟁이 격화된 시기로 이런 사회적 분위기는 경영자가 사회적 책임보다
이윤의 극대화에 집중하도록 몰아갔다. 또한 구조조정과 기업의 인수·합병의
물결 속에 기업의 소유권이 재집중화되어 이사회가 활성화됨으로써 경영진의
권한과 책임은 점차 이사회로 이전되었다. 이러한 일련의 과정은 자본주의가
'이윤 획득'을 목적으로 상품 생산이 이루어지고 노동력이 상품화된다는

:48: 케인스 경제학
1937년 영국의 경제학자 케인스John M. Keynes, 1883-1946는 『고용·이자 및 화폐의 일반이론』를 통해 자본주의가 투자
감소 국면에 접어들면 심각한 위기를 겪게 된다고 지적하고, 디플레이션과 실업을 해결하기 위해 정부가 경제에 적극적으
로 개입할 것을 주장했다. 케인스는 대공황과 같은 자본의 쇠퇴 국면에서 사람들은 새로운 상품이나 용역의 구입보다 유동
자산을 더 선호하므로 자본의 쇠퇴가 더욱 커지는 악순환을 겪게 된다고 지적하면서 '어느 정도의 투자의 사회화'만이 이
를 해결할 수 있다고 주장하였고, 1930년대 미국을 비롯한 여러 나라에서 대공황의 해결책으로 이 이론을 수용하였다.

:49: 국부론
영국 고전파 경제학의 시조 애덤 스미스의 대표 저서로, 정식 명칭은 『국가의 부(富)의 성질과 원인에 관한 고찰An Inquiry
into the Nature and Causes of the Wealth of Nations』(전5권)이다. 이 저서는 처음으로 경제학을 성립시킨 고전경제학의 출발
점이 되었으며, 산업혁명 초기 영국 산업 자본의 입장을 대표하는 이론을 수립하였고, 산업 자본이 요구하는 자유경쟁이
'보이지 않는 손'에 인도되어 사회의 이익을 증진시킨다는 설명으로 경제적 자유주의를 주장했다는 의의를 갖는다.

마르크스의 주장을 입증하는 것이었다. 또한 막스 베버는 현대 자본주의의 정신적 태도를 '직업을 통해 조직적이고 합리적으로 합법적인 이윤을 추구하는 것'이라고 하였다. 미국 자본주의 정신은 칼뱅Jean Calvin, 1509-1564의 청교도 윤리에서 비롯되어 베버가 말한 현대 자본주의의 정신적 태도를 중시하며 정당한 노력에 따르는 깨끗한 부자가 되는 것을 기초로 시작되었다. 그러나 수정자본주의를 지나 신자유주의 경제로 이동하면서 기업은 이사회를 강화시키면서 이윤 획득을 강조하게 되었고, 이는 경영 손실에 대한 책임이 회사 주인의 몫이었던 과거와 다르게 회사의 손실을 이사회가 감당하고, 경영 이익이 창출되면 전문 경영진이 특별 보상을 받는 시스템으로 정착되었다. 이것은 다시 얘기하면 기업의 손실은 사회화하면서 이익은 개인화하는 결과를 초래했다.

이처럼 신자유주의 경제론은 개인의 이익을 극대화시키는 반면 사회적 도덕성은 약화시켰는데, 이러한 흐름 뒤에는 아마도 청교도 정신과 미국의 도덕성 타락이 그 원인을 제공하고 있는 듯하다. 그리고 우리는 이러한 자본주의 역사의 흐름을 급격히 그리고 편파적으로 받아들임으로써 짧은 시간에 경제 성장을 이룩했지만 경제 이외의 영역, 즉 사회·문화 등의 영역에서는 그 고도성장의 폐해를 고스란히 흡수함으로써 사회 불균형과 기형적 문화가 탄생되는 결과를 초래했다.

반공문화와 민중문화

한국전쟁 이후에 생겨난 또 다른 특이한 문화 현상으로는 국가 안보와 정치적 이슈에 의해서 주도된 반공문화와 민중문화를 꼽을 수 있다. 반공주의란 공산주의에 반대하는 정치 이념으로서, 20세기 사회주의를 앞세워 등장한 공산국가에 맞서기 위한 하나의 정치적 문화였다. 일찍이 1930년대 독일의 아돌프 히틀러Adolf Hitler, 1889-1945는 유대인뿐만 아니라 공산주의자도 적대시하며 강력한 반공정책을 취했다. 나치 정권은 마르크스주의 서적을 공개적으로 불태우고 공산주의자들을 추방하며 노동조합을 통폐합하는 등 독일 내 공산주의자들을 탄압하였다. 그리고 1950년대 미국은 자본주의를 보호한다는 미명 아래 매카시즘(McCarthyism) :50: 을 통해 강력한 반공 바람을 일으켰는데, 사회 각계에서 공산주의자로 의심받는 자들을 색출하여 도태시키고 추방하였던 것이다. 그러나 무엇보다 반공주의가 절실했던 국가는 남북으로 갈려 이념 대립의 현실에 놓여 있던 대한민국이었을 것이다.

대한민국의 반공주의는 일제 치하였던 1920년대부터 이미 사회주의자와 민족주의자 간의 갈등으로 비롯되었다. 그리고 해방 직후인 1945년 모스크바 3상회의에 의해 남과 북으로 분단되고 신탁통치가 결정되면서 함흥 반공의거, 신의주 반공의거 등 대규모적인 반공운동이 일어났다. 당시 반공운동에 가담했던 사람들은 북한의 모진 학대를 받았으며, 일부는 고향을 버리고 월남하게 된다. 또한 북한 공산당이 신탁통치에 찬성하자 남북의 많은 국민들이 공산주의에 등을 돌리면서 반공운동은 더욱 거세게 일어났다. 이러한 상황 속에서 1948년에는 국가보안법이 제정되어 반공주의를 법률적으로 지지하게 된다. 설상가상으로 북한의 남침으로 한국전쟁이 발발하고 혹독한 전쟁의 아픔을 겪은 남한에서는 전쟁 후 반공에 대한 의식이 남다를 수밖에 없었다.

:50: 매카시즘
미국 반공주의 운동의 최절정을 이룬 운동. 1950년 2월 미국 국무부에 공산주의자가 있다고 주장한 매카시 상원의원에 의해서 주도되었다. 1950-1954년 매카시는 한국전쟁으로 고조된 미국 내 반공주의 여론에 힘입어 정계·학계·언론계·예술계 등에서 공산주의자를 색출하고 정적을 친공산주의자로 몰아 굴복시킴으로써 미국 전역을 반공 열풍 속으로 몰아넣었다. 그러나 1954년에 이르러 주동자인 매카시 상원의원이 의회의 규탄을 받음으로써 매카시 열풍은 진정되었다.

생존 게임

1960-70년대 초등학교 수업 시간에 직접
제작하여 교실 게시판을 장식하던 반공 포스터

대규모 지하조직이 국가전복을 기도했다는 인혁당
사건(1975년 4월 10일자 서울 신문). 2007년
재심을 통해 사형 당한 8인에게 무죄가 선고되었다.

그러나 이러한 반공의식은 대한민국의 개국과 함께 정치인들이 그들의 권력을
지키기 위한 하나의 정치적 수단으로 이용하기도 했으며, 특히 군사 정부
시대에는 독재 정권을 지속하기 위한 수단으로 국가보안법을 적용시키며
반공주의를 전용했다고 해도 과언이 아니다. 이러한 반공주의는 정부의
주도하에 일반 시민의 정신교육으로까지 연장되면서 학교와 같은 교육기관은
물론 대중매체와 언론까지도 조종하며 대한민국 사회 전반에 반공문화를 뿌리
깊게 정착시켰다.

　　반공문화가 국민적 정서로 자리 잡았던 같은 시기에 공존했던 대한민국의
또 다른 문화 현상으로 민중문화를 거론할 수 있다. 그러나 대한민국
민중문화의 발생은 20세기 서구 유럽 사회에 등장했던 민중문화와는 다소
차이가 있음을 인지해야 한다. 또한 대한민국의 민중문화는 20세기 중반
서구 사회에서 그랬듯이 민중문화가 확장되어 대중문화와 연결되는 식의

모호한 관계에 놓인 적도 없다. 1970-80년대 대한민국의 민중문화는 첫째, 군사 정권과 독재 정부로부터 공산당으로 낙인 찍혀 국가의 안보를 위해 제거할 대상으로 치부되면서 정치적 억압 속에서 평등·자유·민주화를 부르짖던 정치문화의 성격을 갖고 있다. 둘째, 미국이 강요하는 값싼 노동력을 충족시켜야 하는 대한민국 산업 현장의 희생물이었던 노동계급이 기업의 학대에 정당한 권리를 부르짖던 저항의 문화였다. 셋째, 고급문화와 하위문화의 갈등 구조가 아닌 미국의 지배라는 정치 현실 속에서 민족의 자주를 갈망하던 반미 문화였다. 넷째, 서구 사회와 달리 노동계급 외에도 민족주의의 바탕 아래 농민계급도 민중문화권에 포함되었다. 다섯째, 대중문화와 민중문화 사이에는 확연한 구분이 있어서 결코 동일시된 적이 없다.

　　따라서 혁명과 산업화 그리고 노동계급의 문화와 피지배계급의 문화로 저항주의를 보여 주던 20세기 유럽 서구 사회의 민중문화, 그리고 산업화가 대세로 정착함에 따라서 노동자의 문화(민중문화의 실체)가 대중문화로 자리매김했던 서구와 대한민국의 민중문화는 다소 차이가 있다고 하겠다.

군사정권의 정치 탄압

값싼 노동력을 강요하는 기업의 실태

자주를 갈망하는 반미 행진

민중문화운동 연합에서 출반한 음반 카세트

대한민국의 민중문화는 산업사회의 구현 속에서 노동자의 사회를 이룩하여 계급론을 타파하려고 했다기보다는 정부의 정치 탄압과 그 정치의 그림자인 기업의 횡포, 그리고 원인 제공자인 미국이라는 실체에 대항하며 민족자주와 민주화를 지향하는 다양한 활동으로 나타났다. 이것은 일제 해방 후 또 다른 자주독립을 내적으로 원했던 것은 아닌가 생각되는데, 어찌되었든 대한민국의 민중문화는 이러한 정치적 이슈가 큰 비중을 차지하고 있기 때문에 반공문화와 민중문화를 같은 선상에 놓인 다른 노선의 문화로 분류하여 생각해 볼 수도 있겠다.

문화의 이중 잣대

일제 해방 후 미국에 의해 형성된 현대화와 미국의 정치적 간섭 그리고 대중문화의 문제는 대한민국의 문화적 정체성 형성과 깊은 관련이 있다. 1970-80년대까지 값싼 노동력 수출에 의존해 성장한 대한민국의 산업사회가 시간이 흐르면서 나름대로 부의 축적을 이룩한 것은 1990년대에 와서의 일이다. 또한 오랜 군사정권으로부터 민주화의 문을 열게 된 것도 1990년대였다. 이러한 사회의 변화는 문화 개방으로 이어졌고, 갑작스럽게 쏟아져 들어온 서양의 문화는 모던과 포스트모던 그리고 세기말적 문화 현상이 뒤섞여 폭풍처럼 밀려왔다. 그 시기에 우리 국민들의 서양 문화에 대한 이해는 극히 열악한 상태였다. 그리고 이 폭풍이 가시기도 전에 21세기와 세계화라는 새로운 문화의 시대가 도래하면서 혼란은 더욱 가중되었지만 젊은 세대들은 서양 문화에 빠르게 적응하며 그것에 환호하였다.

그리고 다양한 서양 문화 중에서도 미국의 문화는 단연 우세한 위치에서 젊은 세대의 새로운 정체성을 조장하였다. 그 시기 우리는 다양한 서양의 패션과 대중매체, 그리고 학술에 흥분했다. 초등학생 때부터 영어회화에 열을 올리는가 하면 유학을 다녀오지 않으면 교수직을 얻기 어려워지는 학계의 모습 등 조금만 섬세히 우리 주변을 돌아보면 모든 문화적 가치의 기준에 미국에 대한 사대주의가 얼마나 구석구석 깊이 파고들어 있는지를 알 수 있다. 이 현상에 대해 일부 사람들은 극단적으로 반미를 외치는가 하면, 다른 일부는 국제화라는 미명 아래 미국 문화의 토착화를 긍정했다. 이것은 호미 바바^{Homi K. Bhabha, 1949-}가 얘기했듯이, 약소국들이 후기 식민지 문화의 과정에서 자신을 침범하는 강대국의 문화에 대해 사랑과 증오를 동시에 가지고 이중 잣대로 바라보는 현상이라 할 수 있다.

그러나 우리에게는 일찍부터 가슴에 품어 온 또 하나의 이중 잣대가 있다는 것을 인식할 필요가 있다. 우리의 가슴 속에는 이 두 개의 이중 잣대가 공존하면서 서로 영향을 미치고 있는데, 여기에 숨겨져 있는 또 다른 이중 잣대란 바로 일본 문화에 대한 애증이다. 과거 36년의 일제 강점기의 역사는 우리에게 끊을 수 없는 애증을 심어 주었으며, 해방 후 미국의 간섭과 내적 지배는 또 다른 차원의 애증을 갖게끔 하였다. 그러나 이 두 가지의 애증은 경향의 차이가 있다.

먼저 일본 문화를 보자. 우리는 일본 문화로부터 벗어나고자 하는 증오와 그것을 완전히 떨쳐 버릴 수 없는 연민을 동시에 품고 있다. 증오는 한일전 같은 운동 경기에서 어렵지 않게 관찰할 수 있다. 반면 연민은 좀 복잡하다.

현대미술이나 현대문학과 같은 영역에서의 일본에 대한 막연한 존경과 같은, 부정하고 싶지만 존재하는 은유적 사유로 존재하기 때문이다. 아직도 일본의 도제식 교육을 추구하거나, 예술학과에서 일제식 입시 제도를 유지하는 모습(우리의 미술 입시에 아직도 데생 분야가 존재하거나, 피아노 레슨에 <체르니>를 교재로 쓰는 것) 등에서 우리에게 일본에 대한 증오만 있는 것이 아님을 알 수 있다.

미국에 대한 애정은 36년이라는 세월 동안 우리 역사 속에 존재했던 일본의 갑작스러운 부재에 대한 불안, 그리고 한국전쟁 종식의 구세주라는 코드 속에 생성되었다. 일제 식민 통치가 끝나자 우리 사회에서 일본의 부재는 해방의 기쁨만큼이나 많은 숙제를 안겨 주는 것이었다. 미국은 그러한 숙제를 대신해 줄 존재였다. 상처받았을 때 도와주는 사람이 깊게 각인되는 것처럼 우리는 미국이라는 존재에게 더욱 더 의탁하게 되었고, 그렇게 생성된 애정은 무모한 모방으로 나타나게 되었다. 게다가 일본을 모방하는 것은 친일이라는 죄의식을 낳았지만 미국에 대한 추종은 그러한 죄의식을 부여하지 않았다.

반면 대한민국의 역사 속에 집요하게 나타나는 미국의 정치적·경제적 개입에 따른 현실은 우리에게 반미 감정이라는 증오를 낳게 하였다. 1960년대 4·19 당시 혁신계 세력과 학생운동권 사이에서는 통일 논의 속에서 미국의 동북아 전략에 대한 비판이 구체화되었고, '2·8한미 경제협정 반대 공동투쟁위원회'가 결성되어 미국의 내정간섭에 대한 반대투쟁이 시작되었다. 이러한 반미 감정이 70년대까지 계승되어 오다가 80년대 광주항쟁으로 인해 미국이 광주 학살의 배후 조종자라는 인식이 번지며 더욱 극단적으로 나타난 결과, 광주 미문화원 방화 사건(1980년 12월 9일)·부산 미문화원 방화 사건(1982년

3월 18일)·레이건 방한 반대 운동(1983년 11월 12일)·서울 미문화원 점거(1985년 5월 23일) 등의 반미 운동뿐만 아니라, "반전반핵 양키 고 홈"과 같은 구호를 외치며 학생들 사이에서 분신과 같은 극단적인 사태가 벌어지기도 했다. 이러한 반미 운동은 90년대 매향리 미군 폭격장 폐쇄 투쟁과 2000년대의 '촛불 시위' 등으로 이어지고 있다.

슬픈 현실은 미국에 대한 이와 같은 이중적 태도 속에서 '한류'와 같이 미국 문화의 모방이 아니라고 말할 수 없는 짝퉁 문화를 통해 우리의 문화적 정체성이 획득된 것 같은 착각에 빠져 문화적 열등감이 극복된 것처럼 여기고 있는 모순된 상황이다. 이러한 과정을 되짚어 보건데 우리에게도 간디와 같이 무구한 역사의 힘과 우수한 문화적 힘이 내재해 있음을 깨닫게 할 어떤 지도자가 지속적으로 우리의 정신계를 회복시킬 수 있었다면 일본이나 미국에 대한 애증이 이처럼 깊게 각인되지 않을 수 있었을 거라는 생각을 해본다. 이처럼 기만적인 이중 잣대를 가슴에 품고 있는 우리의 문화적 상황을 인식하는 것이 바로 우리의 새로운 문화적 정체성을 찾아갈 수 있는 기초가 될 것이다.

생존 게임

문화의 또 다른 과제

문화의 또 다른 과제

현실 또는 미래를 위하여

7-1

과학과 문화 연구

요즈음 우리는 흔히 '과학과 문화' 또는 '과학과 예술' 같은 화두를 자주 듣게 된다. 그러나 왜 이러한 화두가 자주 등장하는가에 대해서는 그리 많은 설명을 하고 있지 않다. 그렇다면 과학과 문화의 관계에 대한 고민은 어떻게 시작되었으며 그 근거는 어디에 있을까? 여기에 대한 해답을 찾기 위해 저자는 다음과 같은 추적을 하게 되었다.

서구 사회에서 과학은 이성주의와 마찬가지로 깊은 뿌리를 갖고 있으며 아직까지도 그들의 사회를 지켜 나가는 자존심이다. 그들에게 과학이란 종교와 철학과 같은 형이상학적 관념론을 앞서는 검증된 진리이며 무너질 수 없는 하나의 이데올로기이다. 과학이 서구 사회에서 이처럼 강력한 지지를 받게 된 가장 큰 이유는 종교와 철학 등이 주관적이고 추상적인 문제를 다루는 반면, 과학은 사회의 물질적인 모습을 객관적 실체로 다루며 그 결과에 의해 사회의 물질적 모습들을 바꾸는 데 기여해 왔기 때문이다. 따라서 과학은 진리의 발견이며 항상 진보하고 인류에 기여한다는 고정된 이미지를 가지고 있었다.

그러나 과학이 다루는 문제들은 과연 어떻게 선택되고 연구되는가 하는 점을 생각해 보면 다음과 같은 결론에 다다르게 된다. 하나의 과학 연구소가 하나의 문제를 연구할 때는 정부나 기관의 지원이 절대적인 역할을 하며, 그들은 지원을 받는 곳에서 선정해 주는 문제를 연구한다. 따라서 진리로 간주되어 오던 과학이 만들어 내는 결과 혹은 결과에 따르는 의미란 사실은 기관이라는 정치적 현실에 의해서 주어지고 결정된다는 것이다. 즉 과학 지식은 단순한 진리의 발견이 아니라 그 당시 정치적 현실이 필요로 하는 진리의 발견이며, 그러한 정치와 자본의 조정 아래 사회적·문화적으로 구축되는 것이다.

과학과 문화에 대한 연구는 시기적으로는 포스트모던 초기에 발전했는데 사회와 인류에 대해 연구하는 철학과 과학 사이에서 논쟁의 여지가 생겨났고, 포스트모던의 철학으로 대표되는 포스트구조주의와의 연관성에서 고민에 빠지게 된다. 칼 포퍼Karl Popper, 1902-1994 :51: 는 확증된 논리를 제시하는 과학자들은 자기 비평과 윤리적 원칙 아래 있을 때에만 과학의 본질을 지킬 수 있다고 말했다. 또 포스트모던 시대의 과학사학자인 토마스 쿤은 과학사를 들여다볼 때 진보의 과정에서는 항상 논쟁이 벌어져 왔으며, 진정한 과학자로 여겨지던 자들이 시간의 흐름에 따라 종종 거부되고 심지어는 권력의 중심에 있지 않은 과학자들의 연구는 결함이 있는 것으로 치부되기도 했다고 말했다. 이처럼 과학은 진정한 자유를 방해해 왔으며 따라서 과학이란 상대적이고 임의적이라는 것이다. 그리하여 토마스 쿤은『과학 혁명의 구조』를 통해 한 시대를 지배하는 과학적 인식·이론·관습·사고·관념·가치관 등이 결합된 총체적 틀로서 '패러다임(Paradigm)'을 제시하게 된다.

토마스 쿤이 이야기한 패러다임이란 과학사의 특정한 시기에 과학자 집단에 의해 공식적으로 인정된 모범적인 틀인데, 이 틀 안에서 과학의 일정한 성과가 누적되다 보면 기존의 패러다임이 부정되기 시작하고 경쟁적인 새로운 패러다임이 나타난다는 것이다. 이러한 흐름 속에 과학의 혁명을 주도하면서 한 시대를 지배하던 패러다임은 완전히 사라지고 경쟁 관계에 있던 패러다임이

:51: 칼 포퍼

오스트리아 빈 출생. 철학·수학·물리학·심리학 등을 두루 수학하고 영국과 뉴질랜드에서 대학교수를 지냈다. 1965년에는 기사 작위를 받았다. 최초의 저서인 과학철학서『탐구의 논리』(1934)에서 과학(지식)은 합리적인 가설의 제기와 그 반증(비판)을 통하여 시행착오를 거치며 성장한다는 '비판적 합리주의' 인식론을 제창하였다. 그 후 이러한 사상을 바탕으로 사회과학론·역사론·인간론 등을 전개했는데, '실수로부터 배우는 것'으로 진리에 접근한다는 생각은 현대의 지적 세계에 큰 영향을 미쳤다. 대표 저서로는 사회철학서인『열린 사회와 그 적들』(1945),『역사주의의 빈곤』(1957) 등이 있다.

스티브 울가, 『실험실의 삶』 표지

새로운 패러다임으로 자리를 대신하게 된다는 것이다. 따라서 하나의
패러다임은 영원히 지속될 수 없고, 합의에 의해 새로운 패러다임이 만들어지는
것이므로 상대적일 수밖에 없으며 그 속에서 권력 관계가 형성된다고 하였다.
즉, 패러다임은 새롭게 구성되는 것이 아니라 기존의 과학 위에서 혁명적으로
생성되어 새로운 패러다임으로 대체된다는 것이다. 더욱이 1975년 폴
페이어러벤드Paul Feyerbend, 1924-1994가 『방법론에 반하여Against Method: Outline
of Anarchistic Theory of Knowledge』를 발표하면서 이전의 모든 과학적 방법론이
과학자들에 의해서 깨어져 왔음을 보여 줌으로써 과학적 방법론이 무정부적
상태에 있음을 증명했다. 결국 포스트모던 시대에 벌어진 이러한 과학에 대한
인식의 변화는 학자들로 하여금 과학과 철학 그리고 문화 사이의 연구로
이동하게 만들었으며, 1979년 브루노 레이투어Bruno Latour, 1947-와 스티브
울가Steve Woolgar가 출간한 『실험실의 삶Laboratory Life: The Construction of Scientific
Facts』은 과학과 문화 연구에 대한 새로운 바람을 일으켰다.

1970년대 말에 와서는 과학정책 연구, 과학과 예술 그리고 테크놀로지와 사회 등의 '과학과 문화 연구(Cultural Studies of Science)'가 학술로 발전하게 된다. 특히 테크놀로지와 사회에 관한 연구는 날마다 초고속으로 발전하는 21세기의 테크놀로지 사회에서 더욱 큰 의미를 갖는다. 인류의 역사 속에서 테크놀로지의 발전은 사회 발전의 연장선이라는 수동적인 관계를 유지하며 함께 진행되어 왔음에도 불구하고, 우리는 테크놀로지를 문화적 혹은 사회적 이념들과 무관한 특정 존재로 착각하기 쉽다. 예컨대 테크놀로지의 발전은 우리의 생활 방식·개념·사고 체계를 가공화시키며 새로운 관계를 만들기도 하고 때로는 우리가 테크놀로지에 의지하여 관계를 구성하면서 그것을 인간 삶의 부속물인 것처럼 느끼기도 한다. 따라서 우리는 생물학과 테크놀로지 사이의 융합(fusion)의 결과물이며, 사이버네틱스(Cybernetics) :52: 의 통로를 떠날 수 없는 존재이다.

그러나 우리의 삶에 부속물처럼 공생하는 테크놀로지의 진행과 발전 방향은 항상 누군가에 의해서 결정되어 왔으며, 그 결과로 창출된 이익을 누가 누리는가의 문제가 언제나 첨예하게 작용해 테크놀로지의 향방을 이끌어 왔다. 그렇기에 테크놀로지의 발전 뒤에는 항상 사회적·문화적 세력이 존재한다. 이처럼 인간과 테크놀로지는 동떨어져 있지 않으며 테크놀로지와 문화는 깊은 관련이 있다. 따라서 테크놀로지의 진보가 어떻게 문화적 공간에 영향을 미치며 사회적·문화적·정치적으로 누가 특권을 누리는가와 같은, 테크놀로지와 인간의 복잡한 관계를 연구하는 '테크노문화 연구(Technocultural Studies)'가 등장하게 되었다.

:52: 사이버네틱스
1947년 미국 수학자 위너를 중심으로 하는 과학자 그룹을 '사이버네틱스'라고 이름 지었는데, 어원은 '키잡이'를 뜻하는 그리스어 'Kybernetes'이다. 사이버 네틱스는 제어와 통신 문제에 관련된 종합적인 과학으로, 관련된 학문의 분야 는 매우 광범위하다. 대표적으로 자동계산기의 이론·제어의 이론·정보통신 이론 등이 있다. 응용 분야도 광범위하여 확실한 경계를 짓기는 어렵지만, 인공지능·제어공학·통신공학·생리학·심리학과 그 밖에 경제학·사회학 등에 응용할 수 있다. 인공두뇌나 사이보그를 연구하는 학문으로 발전하고 있다.

7-2

인포테인먼트와 세계화

미디어 코드의 재생산

오늘날 미디어의 홍수에 처한 우리 사회를 우리는 멀티미디어 사회(Multi-media Society)라고 부른다. 멀티미디어라는 개념 속에는 메시지 자체의 다양한 종류의 발전은 물론이고 다양한 조직망과 체계, 새로운 이론 그리고 미디어 자체의 다양한 증폭까지 포함된다. 우리가 당면해 있는 이 사회는 공중파의 발전에 의해 복잡한 상호 연결성(Interconnection)이 생겨나고 무관하게 느껴졌던 것들 사이의 새로운 관계성이 끊임없이 생성되고 있다. 가령 미디어는 더 이상 단순 정보 전달을 목적으로 하기보다 정보(Information)와 오락물(Entertainment)같이 무관해 보이는 것들을 연결하여 수단으로 사용하는데, 이것을 인포테인먼트(Infotainment)라고 부른다. 영화나 드라마 속에 등장하는 간접 광고 같은 것이 한 예이다. 미디어 산업은 현재 우리 사회에서 다른 어떤 산업보다도 주목받는 산업이라 할 수 있다. 이것은 메시지 전달과 전달 방식, 미디어 산업들 사이의 의사소통, 그리고 제품으로서의 결과물을 아우르며, 메시지를 흡수하고 소비를 일으키는 청취자와의 관계 속에서 형성된다. 미디어 산업사회와 문화적 조건 아래서 이들은 상호작용하며 동시에 서로 경쟁 관계에 놓여 있다.

또한 사회와 문화가 변화함에 따라 서로 다른 모습으로 재현되고 서로 지배 관계에 놓이기도 한다. 예컨대 20세기에 들어 우리에게 가장 친숙하게 다가온 미디어 산업은 TV나 영화일 것이다. 이것을 떠올려 보면, 그 속에서

현실 또는 미래를 위하어

메시지와 청취자 그리고 의사소통과 제품의 관계가 묘하게 상호작용하며 서로 지배 관계 속에 놓여 있는 것을 알 수 있다. TV나 영화는 여러 가지 재현 형식을 통해 실재계에서는 볼 수 없는 것까지 재현하려 한다. 하나의 장면을 표현하기 위해 정면과 측면, 클로즈업과 클로즈인, 원거리 또는 근거리 촬영 등에 이르기까지 실재계에서는 감지될 수 없는 장면까지도 촬영하고 편집을 통해 모든 각도를 보여 줌으로써 더 많은 의미를 코드(Code)의 재현으로 연장시킨다. 또 장면 사이에 해설 등을 등장시키면서 언어와 시각에 이르기까지 상징적 표현으로 문화적 의미를 코드화시키려 하는가 하면, 상징적 이미지를 보여 줌으로써 추상적인 의미를 하나의 코드로 유도하기도 한다. 이와 같은 미디어의 코드는 결국 관객들에게 정신적으로 재현되고, 그 재현을 통해 거슬러 올라가 추상화되어 숨어 있던 문화적 가치나 의미를 알게 하면서 그 의미는 또 다른 미디어 코드로 남는다. 이러한 미디어 코드(Media Codes)는 넓은 의미에서는 관객들을 향한 광고로도 연장되는데, 가령 TV에서 여주인공이 특정한 헤어스타일을 하고 나오면 그 모습은 관객들에게 하나의 코드로 주입되고, 관객들 자신에게 정신적으로 재현되어 그 가치가 인식되면서 결국 관객들 사이에서 하나의 유행이 되어 그리 어렵지 않게 새로운 문화 코드(Culture Code)가 생성되는 것이다. 이는 미디어에 의해서 코드가 재생산되고, 그것이 하나의 메시지로 전달됨으로써 관객들 사이에서 하나의 새로운 사회관과 문화관으로 굳어지는 것을 의미한다.

이와 같은 논리라면 시사뉴스같이 미디어가 전달하는 코드는 사회적·정치적 메시지에 초점을 맞춘다는 의미에서 새로운 사회관을 형성하는

미디어를 통해 알려진 데이비드 베컴의 머리 스타일. '나도 베컴 머리'

데 전문적 역할을 한다고 할 수 있다. 예컨대 시사뉴스를 통해 미국 대통령의 웃는 얼굴만을 보여 주면 그 모습은 하나의 코드로 작용하여 시청자들 사이에 정신적으로 재현되고 이는 곧 미국 대통령에 대한 새로운 가치를 인식시켜 마침내 미국이라는 나라에 대한 새로운 국가관이 만들어지는 것에까지 영향을 줄 수 있다는 것이다. 따라서 미디어를 통해 코드를 전달하는 자들은 그에 따른 책임과 도덕성을 잊지 말아야 한다. 또한 우리는 모두 각기 다른 다양한 문화권 속에 있기에 미디어 코드가 함축하고 있는 의미와 그 결과로 나타나는 이미지는 각 문화권마다 그 분별이 서로 다르므로 실제와는 거리가 있다는 사실을 직시해야 한다. 그러나 지금 선진국의 미디어 산업은 오늘날 세계가 서로 다른 문화권이라는 본질을 고려하지 않는 듯, '지구촌(Global Village)'이라는 미명 아래 공간과 시간을 압축하며 문화권을 이끌어 가려는 듯하다.

서구 중심 글로벌화의 위험성

21세기에 접어든 우리들의 사회를 흔히 지구촌이라고 말한다. '글로벌(Global)'이라는 단어는 20세기에 들어서면서부터 자주 사용되어 왔지만, 실제로 해를 거듭할수록 국가 간의 거리는 의미적으로 더욱 좁아져 왔고, TV나 영화는 물론 인터넷 같은 새로운 미디어를 중심으로 시간과 공간감이 더욱 좁혀지면서 지구촌 시대라는 말을 실감하게 한다. 그러나 지구촌 시대에서는 그야말로 엄청난 멀티미디어의 교환으로 다른 문화 간에 격심한 충돌이 일어날 수밖에 없으므로 서로에 대한 신뢰와 각자의 가치를 지키는 도덕적 태도, 그리고 책임감이 필요하다. 이처럼 도덕적인 태도와 책임감 그리고 문화의 다원론적 재현이 필요함에도 불구하고, 지구촌 시대가 도래하면서 약소국가의 문화는 미국을 중심으로 한 선진국의 글로벌 네트워크를 통해 서구 문화의 지배적 메커니즘 속에 종속되는 현상이 더욱 두드러져 가고 있다.

현재 우리나라의 경우 글로벌화에 가장 큰 역할을 하고 있는 인포테인먼트와 인터넷에 의해 문화의 주요 쟁점이 대중문화적 관점에 집중되어 있는 것 같다. 이 관점에서 살펴볼 때, 우리는 독창적인 대중문화를 가졌다기보다 할리우드 영화, 빌보드 차트의 대중음악, 미국이나 유럽 패션디자이너의 전략 상품 또는 위성방송을 통해 들어오는 국제 뉴스 네트워크의 영향으로 다분히 미국 중심의 대중문화에 우리의 문화적 정신계를 지배당하고 서구 문화 중심의 보편주의(Universalism) 문화로 이동하고 있는 것처럼 보인다. 이것은 서구 자본주의의 경제력과 문화 제국주의 양식의 관리를 받으며 문화의 실효성과 다양했던 가치들을 하나의 가치관 속으로 흡수당하고 종속시켜 가는 것일 수 있다. 이 과정에서 비서구의 전통(Non-western Local Tradition)이 서서히 파괴되어 가기도 하는 것이다.

경제적 측면으로 보았을 때 글로벌화(Globalization)는 1980년대에 자유시장경제가 강화되어 자본이 국제적으로 움직이게 되고, 값싼 노동력과 세금 혜택을 목적으로 한 다국적 기업이 생산의 글로벌화를 구축하면서 강력하게 이루어졌다. 정치적 측면으로는 사회주의 소련의 붕괴와 자본주의의 팽창에서 이유를 찾을 수 있다. 사회주의 이데올로기가 무너진 후 더 이상 민주주의라는 이데올로기에 맞설 수 있는 정치 이데올로기가 존재하지 않게 되자, 자유민주주의를 국제적 정치 이데올로기로 전환시키려는 움직임이 강해졌다. 그리하여 자본주의는 인권주의와 환경보호 그리고 세계주의(Cosmopolitanism)라는 대표적 상징성을 띠며 동부 유럽부터 아프리카에 이르기까지 확장된 것이다.

2005년 3월 2일, 마침내 자유민주주의를 국제적인 정치 이데올로기로 내세우는 '민주주의 증진 법안(Advanced Democracy Act of 2005)'이 미국 의회에서 상정된다. 그것은 독재 국가들을 민주화시키기 위한 취지의 법안으로 전 세계 모든 국가들을 '완전 민주적·부분 민주적·비민주적 국가' 세 가지로 구분하고, 세계 여섯 지역에 민주주의 허브를 설치하여 민주화를 확산시키며, 2020년까지 42개국을 '완전 민주화'시키겠다는 내용이었다. 또한 이를 지원하기 위해 2억 5천만 달러에 달하는 막대한 자본을 책정하였다. 이러한 흐름 아래 각 국가들의 독자적인 힘은 쇠약해지고, 국가 간의 경계도 희박해져 가고 있다. 결국 이와 같은 미국의 정책은 지구촌 문화를 가속시켜 아시아·아프리카·라틴아메리카 민족들에게 본토라는 의미를 파괴하고 희석시킬 뿐만 아니라 실질적으로 수많은 이민자들을 발생시키는 현상까지 초래하고 있다.

그러나 비록 지구촌의 글로벌화가 서구 중심의 제국주의적 관점에서 움직이고 있다고 해도 이것을 서구 사회의 일방적 관점으로 결론 낼 수는 없다. 왜냐하면 20세기 후반에 등장한 동남아시아의 진보된 경제력과 문화적 경쟁력을 보면, 설령 그것이 서구 사회와 규모의 차이가 있다고 하더라도 글로벌화의 과정에서 동서양 간 문화 충돌을 일으키며 어떤 영향력을 행사하였고, 서구 사회 역시 그 과정에서 타협을 하고 있기 때문이다. 예컨대

인도의 음악은 영국의 언더그라운드 문화(Underground Culture)를 통해 미국의
젊은이들에게 전달되어 영향을 끼쳤는데, 이러한 영향은 80년대 말에 미국의
젊은이들 사이에서 뉴에이지 뮤직(New Age Music) 또는 월드 뮤직(World
Music)에 대한 관심으로 이어지며 서구 음악의 경향을 바꾸어 놓았다. 또
인도의 에코페미니스트(Ecofeminist) 반다나 쉬바Vandana Shiva, 1952- :53: 는
녹색혁명(Green Revolution)을 펼쳐 문화의 다양성을 지키지 않는 한 생명의
다양성도 보장할 수 없다고 주장하였다. 그녀는 1970년대 초에 산림보호
운동인 칩코 운동(Chipko Movement)을 일으켰고, 유기농 농장(Organic Farm)과
유기농 식품(Organic Food)으로 유기농 운동을 벌였다. 이 움직임은 결국
미국으로 전해져 유기농 식품 바람을 일으켰고, 미국의 기업들이 이것을
재빨리 상업화하여 지금의 '웰빙(Well-being)'이라는 단어로 포장시켜 화장품과
식품 등으로 상업화시켰다. '웰빙'은 마침내 우리나라에까지 그 바람이 불어
올 정도로 상업적 승리를 거두었다. 그러나 '웰빙'에는 이미 반나다 쉬바가
시작했던 녹색혁명의 본래 의미는 흐려져 있다. 결국 녹색혁명은 서구 문화들
속에서 문화의 잡종화(Hybridization)로 변이를 일으켜 상업화를 통해 또 다른
지역에서 이윤 창출과 새로운 문화 창출로 이어진 것이다.

이러한 현상을 바라본 말레이시아의 정치가이며 학자인 안와르
이브라힘Anwar Ibrahim, 1947- :54: 은 그의 저서 『아시안 르네상스The Asian
Renaissane』(1966)를 통해 "지구촌화(Globalization)의 근간은 반드시 아시아
문명화의 출현이 전제가 되어야 한다. 이것은 지구촌 안에서 동서양을
재구성하고 배치하기 위함이며, 세계가 함께 살기 위해서는 다양한 종교와 문화

:53: 반다나 쉬바
물리학자이며 철학자이며, 환경운동가이자 에코페미니스트로서 웨스턴 온
타리오 대학에서 논문 「Hidden Variables and Non-locality in Quantum
Theory」(1978)로 박사학위를 취득하고, 현재 인도의 델리를 중심으로 활동하
고 있다. '세계화 국제 포럼the International Forum on Globalization'의 지도자 가운데
한 사람이다.

반다나 쉬바

속에 살고 있는 사람들의 조화를 유지함으로써 삶의 가치를 더욱 높여야 하기 때문이다"라고 말했다. 그는 지구촌화의 진정한 미래는 아시아가 권력 구조와 밀접한 관계에 있는 서구 사회 중심의 제국주의적 관점이 제시하는 길을 따라 가는 것이 아니라 아시아 문명화가 전제된 상황 속에서 동서양 간의 적극적이고 이성적인 상호 개방이 이뤄질 때 가치 있게 설계된다고 주장한 것이다.

7-3
문화적 정체성의 중요성

'인종' 간의 유전자는 생물학적으로 큰 차이를 발견할 수 없음에도 불구하고 지금까지 인종이라는 기준은 사회적으로 구성되고 구분되어 왔다. 특히 유럽의 식민화 과정에서 만들어진 엉터리 인종주의는 서구 과학과 현대화라는 미명 아래 문화적 차별화에 앞장서 왔다. 이런 상황에서 다양한 인종과 문화가 공존할 수 있는 조건을 주장하기 위해 다문화주의가 시작되었다. 그러나 다문화주의는 태생적 한계를 가지고 있었다. 애초에 다문화주의의 관심이 인종주의적 관점에만 맞춰져 있었기 때문에 또 다른 문제들을 불러일으킨 것이다. 예컨대 문화의 내용적 차이를 보기 이전에 국가 간의 인종적 문제에 먼저 집중했기 때문에 오히려 이국주의(Exoticism)를 조장하는가 하면, 인종과 문화의 차이라는 문제 외에 종교·계급·성별 따위의 정체성들은 하찮게 취급하기도 했다. 즉, 인종과 문화라는 사회적 공동체로 모든 정체성의 문제를 단순화시키게 된 것이다.

:54: 안와르 이브라힘
말레이시아의 정치인. 이슬람교 청년 운동을 주도하며 반정부 시위를 벌이다 수 감생활을 하였다. 1982년 모하마드 총리가 이끄는 통일 말레이 국민조직에 들어가 청년 국장을 시작으로 문화청년체육부 장관, 교육부 장관, 재무장관에 이어 1993년 부총리를 역임했다. 총리이자 정적이었던 마하티르에 의해 여러 번 부패와 동성애 의혹을 받으며 파란을 겪었으나 2008년 다시 정계로 돌아와 국회의원에 당선되었다.

그러나 한 집단은 다양하고 모순적이고 이중적인 정체성들로 가득 차 있다. 그것들은 타자들과의 관계 속에서 권력의 지배를 받고 있다. 따라서 다문화주의 시대의 문화 정체성 문제는 인종·종교·계급·성별·연령의 차이뿐만 아니라 우리가 예상치 못한 구석구석에 무수히 산재해 있다. 그러한 다양한 문화 정체성 문제 중 하나인 '섹스(Sex)와 젠더(Gender)' 문제를 예로 들어 문화와 정체성에 관한 이슈들이 어떻게 발전했는지 살펴보자.

최근 우리 사회에서 문화적 이슈로 급부상한 젠더(Gender)는 생물학적 관점에서 말하는 섹스(Sex - 생물학적 성별)를 뜻할 뿐 아니라, 사회 구조 속의 남성과 여성이라는 사회적 의미를 포함한다. 이 개념은 특히 페미니스트적 관점에서 사회가 부여하는 인격, 행동 양식 그리고 육체적 표현력의 분별과 차이라는 의미로 사용되거나 인식된다. '사무실에서는 여성이 차 심부름을 전담해야 한다'거나 '권투라는 스포츠는 남성의 전유물이다'라는 고정관념 같은 행동 양식으로서의 인격적 관리를 예로 들 수 있다. 육체 또는 육체적 표현이 사회에서 이처럼 해석되고 인식된다면 결코 섹스라는 것을 젠더와 분리하여 이야기할 수 없으며, 섹스라는 것의 배후에는 교묘한 전략 또는 술책도 숨어 있음을 짐작할 수 있다. 취직을 위해 여성들이 성형수술을 받는 것의 배후에는 남성 중심 사회에 섹스로 어필하고자 하는 여성들의 심리적인 전략이 깔려 있다고 볼 수 있기 때문이다.

이와 같이 사회 제도로서의 젠더의 의미는 충분히 정체성에 대한 논쟁거리가 될 만하다. 젠더는 사회의 구성원을 남성과 여성이라는 이원론적 분별의 형식으로 제도화함으로써 더욱 더 문화의 이데올로기로 강화되고 있다.

예컨대 문화적 생산 구조 속에서 여성과 남성 또는 주도 세력의 관계를 생각해 볼 수 있다. 즉 예술·문학·교육 등의 분야에서 여성의 위치와 그들이 주도해 나가는 정신계의 모습을 생각해 볼 때 그 속에서 드러나는 성의 표현이나 여성의 이미지 등은 이데올로기적 관점에서 젠더의 개념을 좌우하기도 한다.

젠더의 문제가 문화와 정체성의 이슈로 떠오른 것은 1960년대에 시작된 페미니즘(Feminism)에서부터이다. 1960-70년대 사이의 초기 페미니즘에서 섹스(Sex)는 젠더(Gender)가 형성되는 사회 과정의 밑바탕에 있는 것으로 간주되었다. 즉 초기 페미니즘은 섹스와 젠더를 구별하고 다르게 취급했다. 70년대 후반에 오면서 페미니즘은 여성 연구 단체를 통해 남성과 중산층에 대항하는 하나의 문화 연구가 되었지만, 학자들 사이에서는 학술적 체계라기보다 여성 중심의 사회 운동(Movement)으로 치부되며 어려움을 겪었다. 그 후 80년대의 페미니즘은 여자 동성애자들(Lesbians)이 헤테로섹시즘(Heterosexism) :55: 을 공격하는 이론으로 자리 잡았고, 90년대 초에 와서는 이 같은 경향이 더욱 거세져 흑인 여성과 비서구 여성들이 유럽식 이성관 :56: 을 공격하는 수준으로까지 진화되고 확장된다. 이처럼 변화 속에 발전해 온 페미니즘은 정치적 입장에서 남녀 불평등 관계를 규탄하고 여성에게 동등한 인격을 부여할 것을 주장하는가 하면, 여성 차별로 인해 생겨나는 사회의 부조리에 대항하기 위한 여성만의 특별한 보호법 등을 주장하며 남성 중심의 역사 과정을 여성 중심의 관점에서 재평가하거나 재편하고 서술하기도 했다.

또한 여성 문화의 차이나 차별은 본질적 섹스(Sex)의 차이에서 비롯된 것이

:55: 헤테로섹시즘
이성애주의. 동성애자에 대한 이성애자들의 차별과 편견을 뜻한다.
:56: 유럽식 이성관
오랜 식민 역사의 영향으로 유럽에 거주하게 된 흑인 여성이나 비서구 여성들을 저급하게 취급하려는 남성 중심의 역사관이 투영된 이성관.

아니라 불순한 의도에 의해서 이용되고 적용된 젠더(Gender)의 문제로서, 이것이
자본주의적 발상이라고 일축하는 마르크스주의 페미니스트의 등장은 젠더의
문제를 사회문화적 현상으로 접근하게 하였다. 그러나 학술적으로 가장 큰
파장을 일으켰던 것은 포스트모던의 페미니즘이다. 이 움직임은 본질적으로
여성주의를 파괴하고 젠더의 문제를 새로운 해석으로 확대하며, 여성과
남성이라는 생물학적 차이를 불투명하게 만들었다. 이들은 진정한 여성이나
여성주의를 찾는 데에서 탈피하여 젠더의 문제를 사회의 권력 구조 안에서
발견함으로써 뚜렷한 주제의식을 강조했다. 이러한 모든 주장들은 서구 사회
속에서 여성의 정체성을 새로이 확립하고자 하는 것이었으며, 새로운 정체성을
찾는다는 것은 결국 사회에서 그들만의 새로운 집단 문화를 인정받는다는 것을
의미한다.

　　물론 이와 같은 서구 사회 중심의 페미니즘 외에도 비서구 사회
중심의 페미니즘도 존재한다. 그것은 서구 사회와는 다른 역사 속에서
끊임없이 진행되었던 정체성의 차이와 충돌 그리고 모순을 강조하며,
식민주의·제국주의·인종주의 그리고 가부장적 관계 속에서 비서구 사회의
여성을 철저히 짓밟힌 희생자로 표현한다. 이러한 관점에서 조명할 수 있는
것이 에코페미니즘(Ecofeminism)이라 하겠다. 에코페미니즘은 1970년대 후반에
등장한 환경운동과 여성해방운동을 통합한 사상으로, 에코페미니스트들은
자연 생태계와 인간을 하나로 간주하여 생명의 가치와 평등한 삶의 가치를
실현하려는 실천운동가들이다. 이들은 남성 중심 사회에서 이루어지는 여성에
대한 억압과 서구 문명의 침략에 따른 자연의 위기를 동일선상에 놓고 이를

억압구조라는 유사한 속성으로 파악하여, 이 문제를 동시에 해결해야 한다는 의식에서 출발하였다. 예컨대 이들은 남성 중심·서구 중심·이성 중심의 가치와 삶의 방식이 세상을 지배하면서 우리 사회가 황폐화됐다고 주장하는데, 20세기에 들어서며 과학과 문명을 앞세워 동양을 점령한 서양은 그들의 역사 속에 서양은 남성적이며 동양은 여성적이라는 정체성을 만들어 냈다고 말한다. 따라서 남성은 곧 서양(=과학 문명)이고 여성은 동양(=자연)이라고 간주한다. 그러나 남성(=과학 문명=서양)은 타도의 대상이 아니며, 남성과 여성(=동양=자연), 과학 문명과 자연, 나아가 서양과 동양이 어울림과 균형의 통합적 생명체로서 처음부터 하나였던 관계를 회복해야 한다고 주장하였다. 이는 서양 중심의 역사관에서 항상 남성적으로 표현되던 서양의 정체성과 여성적으로 표현되던 동양의 정체성 사이에서의 화해와 타협을 추구하는 것이었다. 또한 동양 역사의 남성 우월주의와 가부장적 관습 속에 나타난 남성과 여성의 정체성의 차이를 극복하는 것이었으며, 새로운 문화를 창조하는 것이었다.

이처럼 다원주의 문화 속에서 자신들만의 정체성을 확립한다는 것은 새로운 문화를 확립하는 것이며 자신들만의 집단 문화를 굳건히 하여 다원주의 시대를 이끌어 간다는 이야기이다. 저자는 2007년 문화체육관광부의 공간문화 포럼 위원으로 몇 차례 포럼에 참여한 적이 있다. 당시 대한민국 여권 디자인을 바꾸기 위해 약 여덟 명가량의 교수와 디자이너들이 모여 아침부터 늦은 오후까지 회의를 하였다. 대한민국을 대표하는 여권 속에 대한민국의 정체성을 상징화해야 한다는 것이 그날의 이슈였는데, 오랜 회의 끝에 우리가 내린 결론은 결국 한국전쟁 이후 우리에게 형성된 우리나라의 문화적 정체성이 과연

현실 또는 미래를 위하여

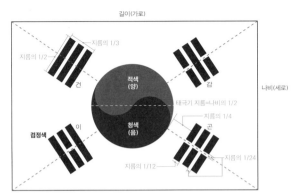

태극기 그리는 법

무엇이냐라는 질문뿐이었다. 참으로 안타까운 일이었다.

뿐만 아니라 프랑스의 문명 비평가인 기 소르망^{Guy Sorman, 1944-}이
우리나라를 방문해 했던 말도 저자는 뼈아프게 기억한다. 기 소르망은
국제사회 속에 중국 하면 떠오르는 문화의 모습이 있고, 일본 하면 떠오르는
문화의 모습이 있지만, 한국 하면 삼성 같은 기업만 떠오르지 문화에 대해선
아무것도 떠오르는 것이 없다고 단적으로 비평했다.

그렇다면 과연 우리나라는 문화가 없다는 말인가? 아니다. 문화는 있으나
그 정체성이 확실치 않다는 것이다. 집단의 정체성을 확립한다는 것은 그
문화를 가치 있게 하는 것이며, 문화적 정체성의 확립은 우리 자신의 정체성을
확인하고 발전시키기 위한 커다란 당면 과제가 아닐 수 없다. 60년대 초까지
이렇다 할 문화적 정체성을 갖고 있지 않던 미국은 유럽의 국가들로부터 전쟁을

통해 부를 축척한 졸부의 이미지로 인식되면서 스스로 문화적 자격지심에 시달렸지만 곧 문화적 정체성의 중요성을 깨달으면서 학술적 연구를 통해 자신들의 문화를 정당화시켜 나갔고, 결국 세계 속에 미국 문화의 이미지를 전략적으로 심으면서 마침내 문화 강국으로 입지를 굳혔다. 21세기의 강대국은 경제력과 군사력뿐만 아니라 문화의 깊이와 그 정체성을 확실히 할 때에야 비로소 세계에 그 위상이 세워진다는 것을 잊지 말아야 할 것이다.

동시대
문화 지형도를
마치며

동시대 문화 연구는 다양한 학술의 응용과 상이한 지적 전통의 범주 안에서 끊임없는 연구를 통해 이루어지지만, 각 문화의 위치에 따른 권력 구조와 미묘한 관계를 맺으며 발전해 왔다. 그리고 그리 길지 않은 역사 속에서 이제는 하나의 독자적인 학문으로 자리를 잡아 가고 있다. 더욱이 세계가 국제사회로 발전하고 고속화됨에 따라 문화 충돌이 심화되면서, 문화는 권력의 이동과 구조에 의해서 더욱 복잡한 쟁탈전을 벌이며 침투·저항·생존이라는 문제의식을 가지고 그에 따른 새로운 전략을 찾아가고 있다.

동시대 문화가 새로운 전략을 찾아간다는 말은 동시대 문화 자체가 규정된 방향성이 존재하지 않는 가변적인 존재라는 것을 의미하기 때문에, 동시대 문화의 진정한 가치와 기준을 가늠하는 것은 무리가 있다. 또는 동시대 문화 연구는 변화를 두려워하지 않는다는 의미이기도 한다. 예컨대 문화 속의 문화로서 부차적 문화로 간주되던 하위문화가 시간의 흐름과 권력 구조의 이동에 따라 그 사회의 중심 문화로 이동하거나, 대중문화 연구와 같이 저급한 낭만주의적 입장에서 시작된 연구가 학술적 가치를 인정받으며 핵심 연구로 이동하게 된 것을 볼 수 있다.

이와 같은 관점에서 일부 제3세계 문화 연구가들은 서구 사회의 싸구려 문화가 권력의 지형도 속에서 그들의 가치 있는 전통문화에 해를 입혀 왔다고 말한다. 그러나 인도의 문화학자들은 이와 같은 서구 문화의 침략에 대한 저항으로 자체 문화의 가치에 대한 연구와 미래에 대한 비전을 찾기 위해 많은 시간을 투자하며 학술적 체계를 이루고 실천해 왔다. 반면에 영국의 제국주의 정책 이래로 식민지를 점령하며 시작된 백인 중심의 서구 문화의 침략은

20세기의 복잡한 사회·경제의 변화와 세계대전이라는 역사적 소용돌이 속에서 결국 그들 간의 문화 쟁탈전을 불러오게 되었다. 이런 극심한 문화 충돌과 혼재를 겪으며 권력의 지형도가 바뀌어 감에 따라 문화의 지형도는 재구성되어 가고 있는 것이다.

이러한 실정에서 문화를 연구한다는 것은 문화 권력의 메커니즘을 파악하고 이해함으로써 문화 침략에 저항하고 나름의 전략과 비전을 찾는 것이다. 그리고 이러한 목적을 갖고 있는 문화 연구는 필요에 따라서 모든 분야의 어떠한 학술이라도 넘나들며 활용한다. 그러나 문화를 연구할 때 진정한 저항의식을 가지고 지적인 연구를 하지 않는다면 문화 연구는 오히려 권력의 종이 되어 아류의 문화를 벗어나지 못하며 자신에게 악이 되어 돌아올 수도 있다. 그러한 의미에서 문화 연구란 복잡한 문화 권력 쟁탈전 속의 진정한 대항 학문(Counter Studies)이자 대안 학문(Alternative Studies)이라 하겠다.

또한 문화란 그 사회 속에 살아 숨 쉬는 행동 양식과 정신계를 의미하는 것이기에 진지한 연구와 고민을 하지 않을 수 없는 대상이다. 이즈음에서 우리는 동시대 문화의 역사를 들여다보며 문화 이동과 형성의 조건들을 깊이 있게 연구하고 분석하는 진정한 문화 연구를 통해서만 우리 시대의 문화를 이끌 수 있다는 인식 공유가 얼마나 중요한지, 더불어 선진문화의 표면적 모방을 경계하고 공룡의 몸무게만 저울질하듯 문화를 경제적 가치로만 저울질하지 말아야 한다는 것을 깨달아야 한다.

저자가 미국에 있던 1990년대 말 아니면 2000년대 초쯤으로 기억한다. 한 웹사이트에서 우연히 일본의 한 정치학 교수가 올린 글을 읽은 저자는 한동안 알 수 없는 혼란에 빠졌다. 그 내용은 대강 이러했다. '중국이 국제사회에 문호를 개방한 이후 미국을 선두로 많은 서구 국가들이 중국에 대중문화를 수출하기 위해 노력했지만 모두 실패했다. 그 이유는 폐쇄되었던 중국에 진보한 서구 문화가 받아들여지기에는 그 격차가 너무 심했기 때문이다. 그리고 일본 역시 중국에 대중문화 수출을 꾀했지만 제2차 세계대전 당시에 생긴 중국과 일본의 감정의 골이 깊다 보니 일본 문화는 철저히 문전박대를 당했다. 그러나 이웃 나라인 한국의 대중문화는 중국에 들어가기만 하면 성공을 거두고 있다. 그 이유는 첫째, 한국 대중문화의 수준이 낮기 때문에 중국인들에게 쉽게 다가갈 수 있고 둘째, 중국은 세계의 중심 국가라는 자존심 대결 때문에 속으로는 미국을 부러워하면서도 표면적으로 그들을 거부하지만, 미국 문화를 흉내 내는 한국의 문화를 통해 미국 문화의 맛을 즐기고 있으며 셋째, 한국은 오래 전부터 중국의 속국이었고 중국의 경쟁 대상이 될 수 없기에 한국 문화를 즐기는 것을 편하게 생각한다. 따라서 일본이 진보한 문화적 내용을 투자하여 한국과 손을 잡으면 중국의 문화를 점령할 수 있으며 아시아 문화의 새로운 종주국이 될 수 있다'는 내용이었다. 참으로 기가 막힌 내용이었다.

그러나 슬픈 것은 그 다음이다. 2002년, 미국 생활 22년 만에 초빙교수로 한국을 방문하여 강의를 하면서 저자는 한국 문화에 관심을 갖게 되었고 중국에서 벌어지는 '한류'의 열풍을 보게 되었다. 놀라운 일이 아닐 수 없었다. 그 당시 '한류'라는 상황이 저자에게는 책에서 보았던 60년대 유럽에서 벌어졌던 미국 문화의 수출처럼 비쳤기 때문이다. 저자는 머지않아 대한민국이 아시아 문화의 새로운 종주국으로 서게 될지도 모른다는 기대감을 갖지 않을 수 없었다. 그러나 그 후, 기대는 아직 사라지지 않았으나 현실적으로 더 설레는 그 무엇을 발견하지도 못했다. 왜냐하면 '한류'의 내용 속에 한국적 문화의 깊이나 어떤 정체성이 보이기보다는 미국 문화의 변질적 모습과 상업적 가벼움이 느껴지기 때문이다. 물론 상업적 전략도 매우 중요한 부분이다. 그러나 우리가 쉽게 벤치마킹할 수 있는 것은 우리의 문화를 좋아하는 다른 나라에서도 우리처럼 쉽게 벤치마킹할 수 있다는 것을 기억해야 한다. 저자가 당시 '한류'를 보면서 가슴 벅찬 느낌보다는 불안한 가슴앓이를 했던 이유는 바로 그러한 점 때문이다.

그때 1년의 강의 과정을 마치고 미국으로 돌아간 저자는 그 가슴앓이를 쉽게 떨쳐 낼 수 없었다. 오히려 더욱 커져만 갔다. 그리고 2004년 귀국을 결심하였다. 그것은 저자가 특별한 무엇을 할 수 있다거나 작가적 입지를 구축하기 위한 귀국이 아니었다. 학자적인 입장을 과시하려는 것도 아니었다. 미국에서 20여 년간 동서양의 문화 갈등을 연구하면서 서양 학생들 앞에서 강의해 오던 교수로서, 인생의 마지막 강의는 어린 시절의 저자와 비슷한 오해와 착각 속에서 서양 문화에 대한 환상에 빠져 있는 내 나라의 젊은 학생들에게 저자가 겪었던 동서양 문화에 대한 오해와 서양 문화에 대한 실체를 전달하는 것이어야 한다고 생각했기 때문이다. 『20세기 문화 지형도』와 『동시대 문화 지형도』를 집필하게 된 것도 같은 이유에서다. 이 책의 내용을 통해 이 땅의 젊은 학생들이 서양 문화에 대한 오해와 착각의 탈을 벗고, 문화 연구의 전략을 터득함으로써 다가올 새 시대 한국 문화를 이끌어 주기만을 가슴 깊이 바랄 뿐이다.

도표로 보는
동시대
문화
지형도

동시대
문화 연구의
영향 관계

⟶ 직접적인 영향 관계
---▸ 추정되는 영향 관계

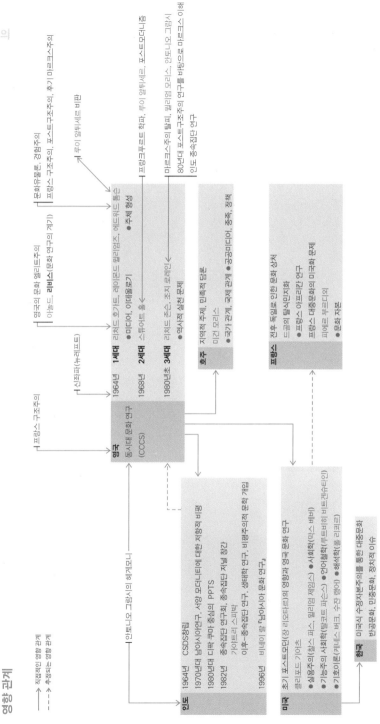

영국
동시대 문화 연구
(CCCS)

1964년 **1세대** 리처드 호가트, 레이먼드 윌리엄스, 에드워드 톰슨
　●주체 형성
　미디어, 이데올로기
1968년 **2세대**
　스튜어트 홀
1980년초 **3세대** 리처드 존슨, 조지 로레인
　●역사적 실천의 문제

├ 프랑스 구조주의
├ 신좌파(뉴레프트)
├ 영국의 문화 엘리트주의
│ 아놀드, 리비스(문화 연구의 계기)
├ 문화유물론, 경험주의
├ 프랑스 구조주의, 포스트구조주의, 후기 마르크스주의
└ 루이 알튀세르의 비판

프랑크푸르트 학파, 루이 알튀세르, 포스트모더니즘
마르크스주의 탈피, 윌리엄 모리스, 안토니오 그람시
80년대 포스트구조주의 연구를 바탕으로 마르크스 이해
인도 종속집단 연구

호주
지역적 주제, 민족적 담론
미건 모리스
●국가 관계, 국제 관계 ●공공미디어, 종족, 정책

프랑스
전후 독일로 인한 문화 상처
드골의 탈식민지화
●프랑스 아프리칸 연구
프랑스 대중문화의 미국화 문제
피에르 부르디외
●문화 자본

├ 인토니오 그람시의 헤게모니

인도
1964년　CSDS창립
1970년대 남아시아연구, 서양 모더니티에 대한 저항적 비평
1980년대 대륙 국가 중심의 PPTS
1982년　종속집단 연구회, 종속집단 저널 창간
　　　　　가야트리 스피박
　　　　　이후 종속집단 연구, 생태학 연구, 비평주의적 문화 게임
1996년　비네이 랄 "남아시아 문화 연구"

미국
초기 포스트모던(장 리오타르의 영향과 영국 문화 연구)
클리포드 기어츠
●실용주의(찰스 퍼스, 윌리엄 제임스) ●사회학(막스 베버)
●기호주의의 사회학(탤코트 파슨스) ●언어철학(루트비히 비트겐슈타인)
●기호이론(케네스 버크, 수잔 랭어) ●해석학(폴 리쾨르)

한국
미국식 수정자본주의를 통한 대중문화
반공문화, 민중문화, 정치적 이슈

203

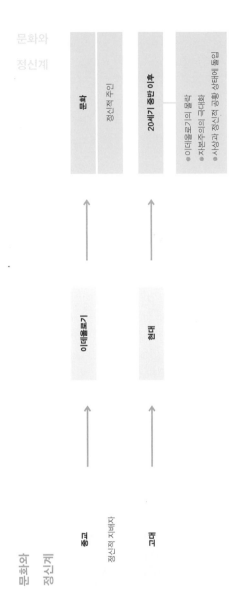

문화와

정신계

종교

정신적 지배자

→ **이데올로기**

문화

정신적 주인

→

현대

고대

→ **20세기 중반 이후**

● 이데올로기의 몰락
● 자본주의의 극대화
● 사상과 정신적 공황상태에 돌입

고대에 정신적 지배자의 위치에 있던 종교는 근대 이후 현대로 오면서 이데올로기로 대치되었고,

20세기 중반 이후에는 이데올로기의 몰락과 자본주의의 극대화로 인간들이 사상과 정신적 공황 상태에 돌입하면서

문화기 정신적 주인으로 자리매김하게 되었다(이들을 벗어 제일 먼저 무엇을 읽을까, 먹을까, 어디로 여행 갈까 하는 문화적 욕망을 갖는다).

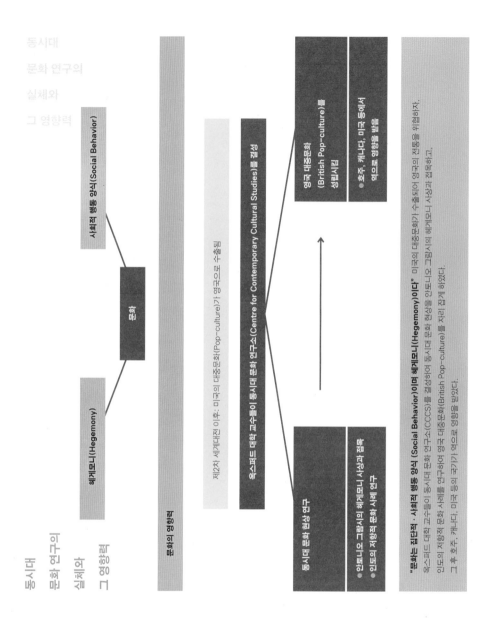

동시대
문화 연구의
실체와
그 영향력

사회적 행동 양식 (Social Behavior)

문화

헤게모니(Hegemony)

문화의 영향력

제2차 세계대전 이후 : 미국의 대중문화(Pop-culture)가 영국으로 수출됨

옥스퍼드 대학 교수들이 동시대 문화 연구소(Centre for Contemporary Cultural Studies)를 결성

영국 대중문화
(British Pop-culture)를
성립시킴

● 호주, 캐나다, 미국 등에서
역으로 영향을 받음

동시대 문화 현상 연구

● 안토니오 그람시의 헤게모니 사상과 접목
● 인도의 저항적 문화 사례 연구

문화는 집단적 · 사회적 행동 양식 (Social Behavior)이며 헤게모니(Hegemony)이다" 미국의 대중문화가 수출되어 영국의 연구의 전통을 위협하자, 옥스퍼드 대학 교수들이 동시대 문화 연구소(CCCS)를 결성하여 동시대 문화 현상을 연구하였는데 그람시의 헤게모니 사상과 접목하고, 인도의 저항적 문화 사례를 연구하여 영국 대중문화(British Pop-culture)를 자리 잡게 하였다. 그 후 호주, 캐나다, 미국 등의 국가가 역으로 영향을 받았다.

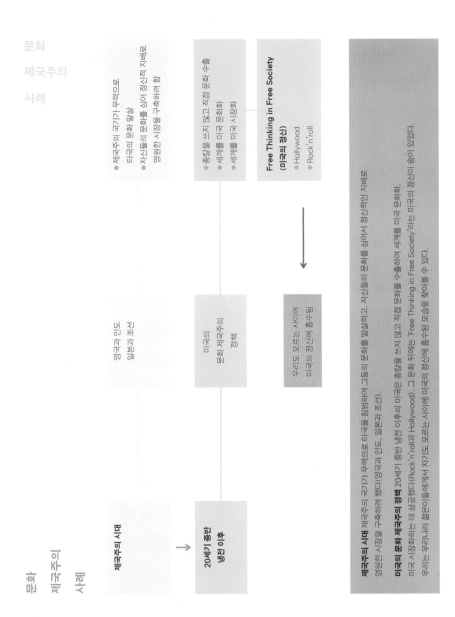

문화 제국주의 사례

제국주의 시대
- 영국과 인도
- 일본과 조선

- 제국주의 국가가 무력으로 타국의 문화 말살
- 자신들의 문화를 심어 정신적 지배로 영원한 시장을 구축하려 함

20세기 중반 냉전 이후 → 미국의 문화제국주의 정책

- 총칼을 쓰지 않고 직접 문화 수출
- 세계를 미국 문화화
- 세계를 미국 시장화

Free Thinking in Free Society (미국의 정신)
- Hollywood
- Rock'n roll

우리도 모르는 사이에 미국의 정신에 흡수됨

제국주의 시대 제국주의 국가가 무력으로 타국을 침범하여 그들이 문화를 앞세우고, 자신들의 문화를 심어서 정신적인 지배로 영원한 시장을 구축하려 했다(영국과 인도, 일본과 조선).

미국의 문화 제국주의 정책 20세기 중반 냉전 이후 미국은 총칼을 쓰지 않고 직접 문화를 수출하여 세계를 미국 문화화, 미국 시장화하는 데 성공했다(Rock'n roll과 Hollywood). 그 문화 뒤에는 'Free Thinking in Free Society'라는 미국의 정신이 숨어 있었다. 우리는 우리나라 젊은이들에게서 자기도 모르는 사이에 미국의 정신에 흡수된 모습을 찾아볼 수 있다.

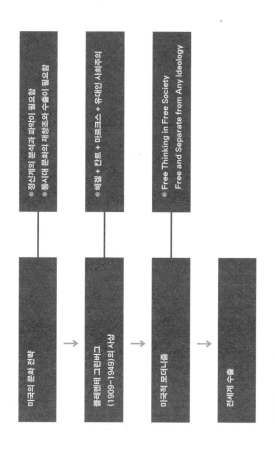

미국의

문화 전략

사례

미국의 문화 전략

- 정신계의 분석과 파악이 필요함
- 동시대 문화의 재창조와 수출이 필요함

클레멘테 그린버그 (1909~1949)의 사상

- 헤겔 + 칸트 + 마르크스 + 유대인 사회주의

미국적 모더니즘

- Free Thinking in Free Society
- Free and Separate from Any Ideology

전세계 수출

사회적 행동 양식 뒤에는 특정 행동을 하게 하는 정신계가 존재한다. 우리에게 필요한 것은 이러한 정신계를 분석하고 파악하고 파악한 후 재창조하여 수출하는 것이다.

20세기 중반 미국이 클레멘테 그린버테 그린버그의 사상(헤겔 + 칸트 + 마르크스 + 유대인 사회주의)을 섞어 미국적 모더니즘을 만들어 내어,

"Free Thinking in Free Society – Free and Separate from Any Ideology"를 전세계에 수출했던 것을 예로 들 수 있다.

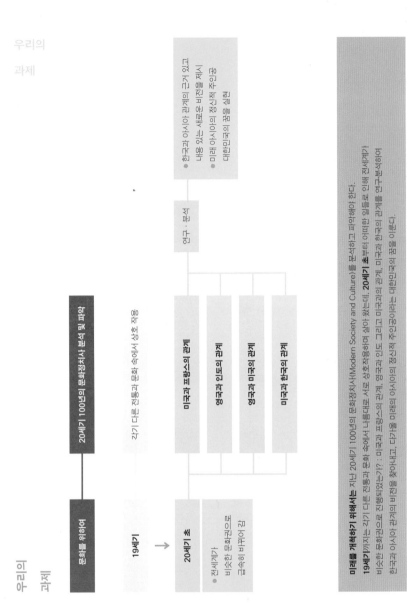

우리의
과제

문제를 위하여

20세기 100년의 문화정치사 분석 및 파악

19세기 — 각기 다른 전통과 문화 속에서 상호 작용

20세기 초
● 전세계가 비슷한 문화권으로 급속히 바뀌어 감

미국과 프랑스의 관계

영국과 인도의 관계

영국과 미국의 관계

미국과 한국의 관계

연구·분석

● 한국과 아시아 관계의 근거 있고 내용 있는 새로운 비전을 제시
● 미래 아시아의 정신적 주인공 대한민국의 꿈을 실현

미래를 개척하기 위해서는 지난 20세기 100년의 문화정치사(Modern Society and Culture)를 분석하고 파악해야 한다. **19세기**까지는 각기 다른 전통과 문화 속에서 나름대로 서로 상호작용하며 살아 왔는데, **20세기 초**부터 어떠한 일들로 인해 전세계가 비슷한 문화권으로 진행되었는가? : 미국과 프랑스의 관계, 영국과 인도의 관계, 영국과 미국의 관계 그리고 미국과 한국의 관계를 연구분석하여 한국과 아시아 관계의 비전을 찾아내고, 다가올 아시아의 정신적 주인공이라는 대한민국의 꿈을 이룬다.

우리가 해야 할 일

- 20세기 이후 더욱 강렬해지는 문화적 **혼재 현상**을 현실로 받아들여야 함
- 제3의 참가자(Third Game Player)로서 문화 충돌을 즐겨야 함
- **목적** 있고 **현실감** 있는 문화 개발
- **내용과 정체성** 있는 문화를 개발

주의점

- 애쉬스 난디(인도의 저항문화주의 학자, 후기 식민지 주의, 종속문화 연구)
- 20세기 국제 관계 속에서
  민주주의적 태도나 현실에 무관심한
  수용주의적 태도는 식민주의적
  자격지심에서 발생한 것일 수 있다.

주의할 점 - 인도의 저항문화주의 학자 애쉬스 난디는 "민족주의적 태도 혹은 수수방관적인 수용주의적 태도는 **식민주의적 자격지심에서 발생한** 것일 수 있다"고 말했다. 그러므로 20세기 이후 더욱 강렬해지는 문화 혼재 현상을 받아들이고, 제3의 참가자(Third Game Player)로서 문화 충돌을 즐기면서, 목적이 무엇하고 현실성이 있는, **내용과 정체성이 있는 문화**를 개발해야 한다.

정치적 이데올로기가 무너진 21세기는 문명 문화가 정치적 역할을 하며 큰 사명을 담당해야만 하는 시기이다.

문화의 수출이란 단지 하나의 상품이 아니라 이데올로기보다 더 강한 정신계를 파는 것이다.

문화 상품은 정신을 담는 그릇일 뿐이다. 그저 서양의 콘텐츠를 따라가는 상품으로서의 문화는 생명력이 매우 약하다.

문화의 수출은 상품의 수출이기 이전에 국제 관계의 정신계의 장악을 의미한다. 국제화 사회 속의 정신계의 장악은 무형의 국가 영토를 넓히는 과업이며 아시아의 새로운 역사를 이룩하는 것이다(위와 같은 기획 속에서 20세기 미국은 제2의 서양 역사에서 정신계 주인공이 될 수 있었다).

그러므로 1. 우리의 정신계를 정립하고 2. 문화와 외교의 관계를 아래 전략을 기획하는 전략 기관이 필요하며

3. 그 정신계와 전략 아래 문화 콘텐츠와 상품을 만들고 기위 내는 수행 기관이 뒷받침되어야겠다.

부록

이 부록은 필자가 2005년 국회 한류연구회에서 발표했던 두 번의 발표문과
2008년 문화체육관광부와 외교부에서 강의했던 자료를 정리한 것이다.
국회와 정책기관이라는 특수한 환경 조건이 작용하였기에 학술적인 정리나
깊이보다는 일반적 이해를 도모하기 위해 쓴 글이지만, 이 책을 읽는
학생들이 문화 연구의 실용적 적용 사례와 현장을 경험할 수 있기를 바라는
마음으로 여기에 덧붙인다.

한류,

韓때의

流행인가? – 국회 한류연구회의 창립을 축하하며

한류연구회의 창립을 진심으로 축하드립니다.

현 시점에서 한류연구회의 존재는 앞으로의 문화 발전에 필수적인 존재라 할 수 있을 것입니다. 1990년대 중반에 이미 태동되었던 한류에 대하여 우리 정부는 지금껏 아무런 대책이 없었습니다. 그러한 와중에 이처럼 다시금 한류 열풍이 형성된 것은 어떤 의미에서는 예기치 못했던 선물이며, 우리는 이것을 한때의 유행이 아닌 국가적 전략과 전술로 발전시킬 의무가 있다고 봅니다. 바로 이 부분에서 한류연구회의 중요성이 잘 드러난다고 생각합니다. 한류연구회의 앞으로의 발전을 기원하며 이와 더불어 연구회 발전에 대한 개인적인 의견을 덧붙여 볼까 합니다.

우선, 한류연구회의 창립 취지문을 살펴보면, 한류는 '사람·이야기·법적· 제도적 뒷받침'이라는 세 가지 토대 위에 있다고 설명되어 있습니다. 이어서 '사람'과 '이야기'는 이미 국제적 수준이지만 '법적·제도적 뒷받침'이 이에 못 미치고 있다는 설명이 있습니다. 연구회가 국회의원들로 이루어졌으므로 법과 제도에 더욱 충실을 기하겠다는 의미로 받아들여집니다. 이 부분에 큰 이견은 없으나 정작 중요한 사항 한 가지가 부족하다는 느낌이 듭니다. 바로 국제사회 속에서 문화의 흐름을 읽어 내고 예측할 수 있는, 진정한 의미의 학제적 연구가 필요하다는 것입니다.

일례로 전 세계 문화 이론의 중심에는 영국의 '동시대 문화 연구소(Centre for Contemporary Cultural Studies)'가 있었습니다. 이들은 자국의 문화뿐만 아니라 세계의 문화와 그 구성원들의 정신계를 파악하여 전략과 비전을 제시하면서 문화적 위용을 자랑하고 있는 실정입니다. 따라서 한류가 아시아의 대표 문화로 살아남는 길은 가시적 현상 뒤에 숨어 있는 아시아가 공동으로 수긍할 수 있는 정신계를 구축하는 길이 우선이라고 생각합니다. 왜냐하면, 문화란 상품이기 이전에 사회가 공동으로 수긍하는 헤게모니적 정신계이기 때문입니다.

예를 들어 미국의 실용주의적 대중문화 뒤에는 '자유사상'이라는 정신계를 내세우고 있으며, 영국은 '저항주의적 언더그라운드의 정신계'를 내세우고 있습니다. 그렇다면 이 시점에서 한류의 정신계는 무엇입니까? 정치적 이데올로기가 우리의 마음에서 떠나가기 시작하고 자본주의가 우리의 정신적 주인 행세를 하고 있는 이 시대에는 모든 사람들이 공허한 정신계를 채우기 위한 수단으로 문화를 즐기고 있습니다. 이는 다시 말하자면 '문화'가 곧 21세기의 새로운 이데올로기로 작용한다는 것을 의미합니다. 문화란 단지 대중의 유행을 뜻하는 것이 아니라 동시대를 살아가는 사람들의 정치적 욕구이자 정신적 욕구인 것입니다. 그러므로 정신계를 구축하는 것이 우선이라 생각합니다. 이러한 정신계를 바탕으로 탄탄한 문화 연구가 이루어질 때 비로소 한류는 내용과 형식이 함께하는 진정한 문화로 거듭날 것입니다. 한국이 아시아의 문화를 주도하기 위해서는 타국의 성공과 실패 사례를 분석하여 미래를 예측하는 힘을 기르고 더 나아가 아시아 및 세계의 정신계에 영향력을 행사할 수 있는 우리만의 문화 이론을 탄생시킬 수 있어야 하며, 이럴 때 비로소 '한류'는 선진 문화국가의 시발점이 될 수 있을 것이라 생각합니다.

한류의

사상적 기조 수립을 위한

제언

A. 제국주의 시대에는 한 나라가 다른 나라를 무력으로 제압한 뒤 그 나라의 고유 문화를 말살하고 자신들의 문화를 이식함으로써 정신계를 장악하려 하였다. 이와 같이 했던 이유는 정신계를 장악하면 곧바로 시장이 형성되었기 때문이다. 마치 영국이 인도에, 일본이 우리나라에 했던 사례를 들 수 있다.

B. 제2차 세계대전 후 냉전이 선언되자 미국은 케네디 정권을 중심으로 무력을 사용하지 않고 직접 문화를 수출하여 타국에 자신들의 문화를 심는 전략을 쓰게 된다. 그들은 문화의 본질이 정신계라는 사실을 파악하고 학자들의 연구를 토대로 첫째, "Free Thinking in Free Society"라는 사상 아래 '자유'라는 정신계를 만들어 내었고 둘째, 유럽과 제3세계에 그 정신을 심기 위하여 대중문화(Popular Culture)를 창출해 냈으며 셋째, 이 문화를 담는 그릇으로 할리우드(Hollywood)와 로큰롤(Rock & Roll) 그리고 미국의 현대미술시장이라는 수단을 사용하였다. 이것은 문화 제국주의의 또 다른 시작이었다.

C. 이와 같은 역사적 사례에 비추어 한류를 들여다보면 첫째, 현재 진행되고 있는 한류문화 수출의 파이프라인(Pipeline)의 구축과 상품적 가치에 대한 관심 등은 무척 중요한 과제이지만 동시에 문화적 본질로서 한류가 뜻하는 아름다운 정신계를 찾는 게 시급하다. 둘째, 그 정신계는 아시아 전역이 공통적으로 수긍할 수 있는 아시아의 대표적 정신계가 되어야 한다. 이것은 곧 아시아 전역이 공통적으로 그 정신계를 수긍함에 따라 '한국의 바람'이라고 알려져 있는 한류에 대한 민족적 적대감을 피할 수 있는 수단이 되는 것이다. 이에 저자는 미국 대중문화의 정신인 '자유'와는 달리, 한국과 아시아를 아우르는 정서로서 '정(情)'이라는 아름다운 정신계를 한류의 슬로건으로 제시하고자 한다. 정(情)이란 합리주의를 강조하는 서구 사상과 달리 인간의 가장 기본적인 감성을 아우르는 단어로서, 현재 물질문명의 발달로 인해 인간의 고유 가치가 상실되고 있는 사회상을 돌아볼 때 공감할 수 있는, 그러면서도 특히 한국과 한국인의 정서인 휴머니즘을 강조할 수 있는 키워드로서의 가치가 있다고 생각한다. 셋째, 21세기 초인 현재 서양 문화는 아시아를 비롯하여 제3세계 속에 깊이

자리 잡아 도저히 내쫓을 수 없는 상황에 있다. 이와 같은 동서양 문화의 혼재 속에서 문화적 정체성을 어떻게 지킬 것인가 하는 문제가 제3세계의 공통적 과제요 고민이다. 이러한 고민 속에서 가시적으로 서양의 방법론 위에 동양적 콘텐츠를 수준 높게 응용한 것이 한류이며 그러한 동서양 문화의 혼재를 멋지게 소화한 모습이 한류의 성공적 기초가 되었다고 생각된다. 이것은 시대적 관념을 본능적으로 읽어 낸 것이라 하겠다. 이에 따라 필자는 이러한 시대적 관념을 '트리플 A(Triple A)의 시대'라는 슬로건으로 내세우고자 한다. 트리플 A(Triple A) 란 'Age of Advanced Application'의 약자로 즉, 진보된 응용의 시대라는 뜻이다. 이것은 20세기 말 동서양 문화의 혼동 속에서 제3세계가 그들의 혼종된 문화를 응용하여 수준 높은 새 문화를 창조해야 할 시대라는 의미로서, 이와 같은 시대적 관념을 통하여 동서양의 혼종의 정체성이 정당성을 가질 수 있는 길이 되는 동시에 한류가 동북아시아로부터 문화 제국주의라는 비방을 벗어날 수 있는 근거가 될 것이다.

"한류의 현재 –
한류는
사상이 아니라
상품?"

1. 현재의 분위기

지금은 문화 패권주의의 국제관계 속에서 살아남기 위한 제3세계 문화의 공통적 고민과 서구 문화 사상의 한계로 인해 제3세계 문화에 대한 관심이 커져 있는 미묘한 상황이다. 동시에 동북아 문화적 관계가 재편된 상황(중국,

일본과의 삼각 구도에 민족적 반감을 가졌던 과거와 달리 한·중 국교 재개, 일본의 한국 문화 개방으로

시장관계가 유연해짐)이다. 이러한 분위기 속에 영화·TV드라마·대중음악뿐만
아니라 스타(Star)를 통한 한류문화의 수출과 더불어 'IT839 프로젝트'에
이르기까지 정부에서 관심을 집중하고 있으며, 콘텐츠를 통한 문화 수출
파이프라인(pipe line)이 구축된 상태이다.

2. 문화 수출의 과거 사례

미국의 사례 분석

A. 과거 제2차 세계대전 이후, 1960년대의 전략적인 미국 문화 수출이 어떻게
　　　이뤄졌는지에 관한 분석이 필요하다(영국과 인도와 미국의 관계 그리고 미국과
　　　한국 관계를 분석·연구하여 한국의 비전(VISION)을 제시하고, 정신적 헤게모니를 장악할
　　　기틀을 마련한다).

B. 1960년대 미국의 문화정책은 유럽 문화에 대항하고 문화적 열등의식을
　　　극복하기 위해, 미국민의 정신적·문화적 자존심을 세움으로써
　　　정치적 위상을 부각하기 위해, 미국 문화의 세계화에 따른
　　　소비시장을 확장하고, 유럽의 공산화를 막기 위한 여러 목적의식을
　　　갖고 시작되었다.

C. '미국의 자유사상: Free Thinking in Free Society'
　　　CIA의 적극적인 지원과 연구 아래 '자유사상'을 미국의
　　　정체성으로 개발하여 대중문화와 예술 속에 정신계로 활용하여
　　　유럽과 아시아에 수출함으로써 20세기의 새로운 문화정신으로
　　　자리 잡게 했으며, 그들의 정치적 목적을 이루었다.

영국의 문화 정체성 위기 극복의 사례 분석

A. 산업사회와 노동계급의 출현으로 혼란한 사회 속에 미국의 대중문화가
　　　전략적으로 영국으로 침투되면서 귀족계급에 불만을 갖고 있던
　　　영국의 노동계급과 중류계급 사이에서 크게 인기를 얻게 되자,
　　　영국 문화의 정체성이 흔들리기 시작했다. 이런 혼란과 더불어

미국 문화의 식민지화를 막기 위해 버밍엄 대학과 옥스퍼드 대학의 교수들이 중심이 되어 백인 중산층과 노동계급 중심의 저항주의적 문화인 언더그라운드 컬처(Underground Culture)를 영국의 대중문화로 개발하는 데 성공하여 자국민의 자존심을 살리고 위기를 극복했을 뿐만 아니라 영국의 대중문화를 역수출함으로써 미국·호주·캐나다 등에 영향을 끼치게 된다.

인도의 사례 분석

A. 오랜 세월 서양의 식민지로 지내며 점령당한 자국의 정체성을 찾기 위해 인도의 델리 대학 교수들이 중심이 되어 연구하게 되었다.

B. 그들은 오랜 식민화 속에 나타난 자국민의 반응이 침략 문화에 대해 민족주의적 태도 혹은 수수방관적인 수용주의적 태도의 두 가지 형태로 나타난다는 것을 발견했다. 그리고 이러한 태도는 그 아래 문화적 열등의식이 깔려 있기 때문이라는 결론에 이른다.

C. 서구 문화와 비서구 문화 사이의 과거·현재·미래를 순차적이고 단계적인 연속선상의 관계로 바라볼 때, 그 속에서 자국 문화의 미래에 대한 비전을 찾을 수 있다고 주장하였다. 만일 미래에 대한 비전과 이와 같은 관계성을 생각하지 않을 경우 전통 문화는 과거에 수감되어 있는 죄인이 되며, 현재와 미래는 오로지 서구의 문명화 과정에만 머물게 된다. 따라서 자신들의 자체적 문화의 실체와 미래상을 찾아가는 대안을 마련해야 한다는 이론적 연구에 몰입하였다. 그러나 자국 내의 종교적 갈등·계급 갈등·보수파와 급진파의 갈등 등을 겪으며 난항을 겪게 된다.

D. 인도 학자들의 연구 내용은 부분적으로 영국의 문화학자에 의해 1차적으로 차용되고, 그 후 다시 미국 학자들에게 도둑질당하며 서구 학자들에 의해 '후기 식민지 문화 연구'라는 이름으로 문화 연구의 한 부분으로 자리 잡게 된다. 따라서 현재 서구 문화학자들에

의해서 동양의 문화 현상이 연구되고 있는 실정이다.

3. 제3세계를 바라보는 서구 사회의 문화 전략

1990년대 중반 이후 미국의 문화 정책은 제3세계를 염두에 두고 '이국주의(Exoticism) 문화 전략'을 실행하며 서구 사회 속에 아시아 문화 특히 중국 문화의 바람을 일으킨다. 다음의 내용은 서구 사회에서 제3세계를 향한 문화 전략의 정당성을 피력한 내용이다.

A. 서구 문화가 제3세계 문화에 관심을 가져야 하는 이유

> **a.** 20세기 말에 오면서 서구 문화 사상(Post-Modern Culture의 타락)은 한계에 봉착했다. 미국 문화는 공황기를 맞이했으며, 따라서 이 공황기를 제3세계의 이국주의 문화를 수입하여 일시적으로 대처한다.
>
> **b.** 서구 사회에서 제3세계 문화에 기회를 부여함으로써 미국의 선민의식을 심을 수 있다. 서구 사회 속에서 제3세계 문화를 주도하여 미국이 동시대 문화의 종주국임을 확인시킬 수 있다.
>
> **c.** 이러한 관계를 통해 다가올 제3세계의 마케팅을 공략한다.
>
> **d.** 제3세계 문화로 서구 문화의 공황기를 해결하는 동안, 다가올 21세기 문화를 준비할 수 있다.

B. 그리하여 그들은 제3세계에서 어떤 문화를 수입할 것인가에 대해 '이국주의 유토피아(Exoticism's Utopia)'라는 해결안을 내놓는다.

> **이국주의 유토피아**(Exoticism's Utopia)
>
> **a.** 환경적 거품 속에서의 여행(Travel in an Environment 'Bubble')
>
> "Fun and relaxation untroubled by concerns of real world: no need to understand of the third world history - innocuous pleasure"

서구 문화에 해가 되지 않으면서 흥미로운 이국주의 현상을
수입한다. 서양의 관점에서 동양의 향기를 풍기면서도
재미있는 무언가, 그러나 서양 문화에 해를 입히지 않고
도전적이지 않으며, 서양의 입장에서 보았을 때 동양 문화의
느낌이 나는 것(마치 여행객이 여행 중에 구입하는 기념품과 같은 것)을
수입한다. 그 이유는 서구 사회는 동양의 깊은 역사를 알 수
없을 뿐만 아니라 알 필요도 없기 때문이다.

b. 타국에서의 이국적인 부활(Revival in Other Country but Exotic)
제3세계 속에서 과거 서구 문화의 부활 또는 재실현의
모습을 수입한다. 그러나 이국적인 모습을 띠고 있어야 한다.
결국 아무런 저항의식 없이 동양이 서양을 따라하고 있다는
느낌이 나는 것을 수입한다.

4. 우리의 슬픈 현실

A. 20세기 후반, 미술 시장의 정치꾼들은 '제3세계(the Third Space)'를 분석하고
이해하여 극복하려 하지 않고, 상업적인 목적으로 서양인들을
위한 이색주의 마켓을 형성하고 자극하여 이색주의 자체를
상업화하여 국제시장에 내놓았다. 이것은 마치 제3세계를
인정하는 듯한 제스처일 뿐 제3세계에 대한 진정한 이해와 비전을
바탕으로 한 것이 아니다.

B. 드라마나 영화 또는 대중음악과 같은 대중문화 분야에서는 서양 문화에
대한 환상에서 비롯된 모방에서 시작되어 그 위치를 넘어서기
위한 철저한 브랜드 투쟁의 결과로서 가시적인 상품(한류)을 만들어
놓았다. 과거의 종속적 모방이 새롭게 전복된 모방으로 기능할 수
있을 것인가, 그리하여 종국에는 자타가 공인하는 주체적 브랜드로
확립될 수 있을 것인가 하는 문제에 봉착하게 되었고, 한류를
뛰어넘어 수출할 수 있는 진정한 정신계는 무엇인가 하는 고민을

낮게 되었다. 또한 국민들은 민족주의와 탈식민주의의 충돌로 인한 혼란을 경험하고 있다.

5. 제3세계의 고민에 대한 절충주의적 대안

문화의 탈식민화를 주장하는 학자들의 주장

A. 애쉬스 난디(인도학자): 20세기 이후 강렬해지는 문화의 혼재 현상을 현실로 받아들이고, 제3의 참가자(Third Game Player)로서 문화 충돌을 즐기며 이에 대한 분석과 연구를 통해 미래에 대한 비전이 뚜렷한 내용으로 정체성을 개발해야 한다.

B. 호미 바바(인도계 미국학자): 문화의 제3공간(다른 문화권 사이에서 존재하는 정신적 공간)을 인정하고, 분석과 연구·재구성·절충을 통한 자체적 지방문화화(Localization)를 개발해야 한다.

6. 한류는 사상이 아니라 상품?

A. 한류의 경제적 가치에만 집중하는 것은 한류를 가시적 결과물인 상품으로 취급하는 것과 같다. 경제적 효과를 위한 수출만을 목적으로 할 경우 단기적인 판매고는 올릴 수 있으나 문화의 진정한 가치, 즉 그것이 하나의 상품이기 이전에 정신계를 의미한다는 점을 간과하기 쉽다. 그러므로 우리는 '한류'를 우리의 우수한 정신문화를 알릴 수 있는 기회로 만들어야 한다.

B. 모든 아시아 국가들의 공통 과제인 동서양의 문화적 충돌이라는 상황 속에서 공통적으로 수용될 수 있는 사상을 개발하여 절충과 응용, 공리의 문화를 창조하여 상품으로서의 한류에서 한 단계 위로 뛰어넘어야 한다.

A. 현시점을 파악해 볼 때 90년대 후반부터 중국과 일본 및 동남아시아의
대중문화계를 흔들고 있는 한류는 그동안 뚝배기마냥 서서히
데워지다가 2004년을 정점으로 끓어 넘치는 모습을 보이고
있다. 그간 유지되어 온 한류 열풍은 수용 국가에서 자생적으로
발생되었던 것으로 보이며, 수용 국가들의 뜨거운 반응을 계기로
대한민국 정부 및 국민들은 오히려 뒤늦게야 '한류'의 열풍을
인지하기 시작했다. 민간기구인 '아시아문화산업교류재단'이
2003년에 설립되었고, 2005년에는 조직이 확대·개편되었으며
한류정책자문위원회가 발족하였다. 국회 문화관광위원회는
한류의 지속과 확산이 가능하도록 한류 관련 법률을 제정하는
등 국회 차원에서 한류를 지원하는 정책 입안을 위하여 공청회를
개최하였고, 올 9월에는 카이스트(KAIST)에 문화기술대학원이
설립된다. 이러한 상황 속에서 2005년 현재 중국, 일본 및
동남아시아는 한국 드라마에 대한 열광과 환호를 통해 '한류'라는
단어에 지속적인 생명력을 불어넣고 있으며, 이들이 만들어 낸
'한류'라는 단어를 통해 대한민국 기업들과 정부는 한류가 만들어
내는 산업적 이익에 주목하고 있다.

그러나 앞서 달리는 사람도 잠시 멈추어 뒤를 돌아볼 필요가
있으며, 거울에 비친 모습을 통해서 자아를 발견할 수도 있다.
2005년 6월에 발표된 삼성경제연구소의 보고서에 의하면, 국가별
한류의 현황 및 기업들의 한류 활용에 대한 조사를 통해 한류의
지속과 활용을 위한 방안으로 다음과 같은 항목들을 강조했다.

a. 한류의 경제적 가치 평가

b. 증대 방안 모색

c. 국가별 확산 단계를 바탕으로 하는 전략의 차별화

d. 콘텐츠의 경쟁력 제고

e. 한류의 공격적 활용

f. 한류를 '필 코리아(Feel Korea)'로 승화시킬 것

위의 방안들을 분류해 보면, '경제적 가치·차별화·콘텐츠·코리아'를 강조하고 있다. 그런데 이것은 모두 공급자의 일방적인 입장만을 고려한 것으로 여기에는 아쉽게도 수용자 각국이 바라보는 한류는 나타나 있지 않다. 사실상 한류의 기원을 생각할 때, '한류'란 이름과 그 시작도 우리가 만들어 냈다기보다는 수용 국가에서 명명하고 일컬은 현상이었다. 이제 그들이 지어 준 한류라는 이름 아래, 우리는 그것의 경제적 가치에 모든 관심을 집중하고 있는 것이다. 그러나 최근 수용 국가 사이에서 일어나기 시작한 반(反)한류의 움직임은 아마도 문화가 상품으로 변질되고 수용자를 단지 시장논리로만 바라보는 문화 제국주의적 모습에서 기인한 것일 게다. 대만의 경우 한국 드라마 유입 급증과 높은 가격에 반발하여 2005년 7월부터 20%의 수입관세를 부과하기로 결정하기도 했다.

B. '한류'라는 용어를 바라보는 데에는 두 가지의 눈이 존재한다. 하나는 공급자의 눈이고 다른 하나는 수용자의 눈이다. 물론 공급자 입장에서의 전략도 중요한 문제지만, 이제 수용 국가에서 한류와 한류스타가 인기를 끄는 이유 그리고 그들이 생각하는 한류의 가치에 눈길을 돌릴 때이다. 이것은 어쩌면 상품적 가치 또는 경제적 가치와 같이 표면적 결과에만 관심이 집중되어 있는 우리의 현실에서 수용자의 관심과 가치를 파악함에 따라, 보다 근본적

가치와 파워를 만들어 낼 수 있는 방법론이 될 수 있으며, 마치 거울을 통해 자신의 모습을 점검하듯이 그들을 통해 우리의 정체성 즉, 수용 국가가 인정하는 우리의 모습을 재발견하고 점검하는 길이기도 하다. 또한 그들에 대한 이해를 통해 수용 국가들을 만족시키는 결과를 유도할 수 있으며, 결국 한류를 지속적으로 이어갈 수 있는 근본적 해답이 될 수 있을 것이다.

C. 다음의 내용들은 각 수용 국가들이 현지에서 다룬 한류의 성공 요인에 관한 현지 기사 내용들을 종합·정리하여 분석한 것이다.

표1-1. 수용 국가에 따른 한류와 한류스타의 성공 요인과 가치

국가	한류 성공 요인	기타
중국	1. 가족 관계에서 오는 갈등 2. 결혼 문제에서의 부모 역할 3. 순수한 사랑 4. 신구세대 간의 갈등 등이 중국 상황과 비슷하다. 5. 드라마에 나오는 배경과 세트, 출연자의 모습 (섹시미·화려한 무대 매너 등)이 서구적으로 세련되어 보인다. 6. 생로병사나 인과응보와 같이 내면에 동양적 가치를 내포하고 있다. 7. 스타의 우상화는 방법론적 성공 요인으로 보인다. 이와 같은 내용은 A. 45세 이상 기성세대들에게는 아시아 사람들의 기본윤리나 도덕성을 담고 있어서 심리적 안정감을 준다. B. 25세 이하 세대들에게는 서구적 세련미를 갖추고 있는 한국 스타들의 모습이 새로운 유행의 모델이 된다. 즉, 아시아인의 원초적인 공감대를 잘 표현하고 있다.	**정치적 입장** 일본 문화는 과거사로 인해 반감을 사고 있으며 홍콩이나 대만 문화를 따라가는 것은 대국으로서의 자존심이 허락하지 않는 상황 아래, 한류는 중국 당국의 암묵적 허용을 받은 상태이다. 미국의 자본주의에 대한 동경심이 있으나 그 거리감의 격차가 있는 형편에, 서양과는 거리가 멀어 윤리구조에 대한 반감과 거리감을 해결한 것이 한류이다.

국가	한류 성공 요인	기타
일본	1. 네티즌 반응을 검색하여 시나리오 수정 작업이라는 융통성을 드라마에 적용시키고 있다. 2. 한국인들의 '한(恨)'이라는 정체성을 그리움이라는 보편적 감성으로 승화시켜 반영하고 있다. 3. 일본인들에게는 어려운 '자연스러운 감정의 분출(눈물·화·소리 지름 등)'을 보여 주는데, 이것이 사회에서 절제가 요구되는 일본인들에게 대리만족을 주고 있다. 4. 서정적이면서도 도덕성이 강한 대사를 사용하고 있다. 5. 남자 주인공은 지적이면서도 푸근한 이미지를 갖고 있다. 6. 일본 연예계는 비주얼을 중시하는데 한류는 여기에 맞는 시각적 즐거움을 주고 있다. 이러한 한류의 내용은 A. 일본의 40대 이상의 기혼 여성들에게 70년대의 일본 대중문화에 대한 과거의 향수나 동경을 불러일으킨다. 즉 한국을 '일본의 과거'로 파악하고 향수를 느끼는 것이다.	<겨울연가>에 열광한 팬들은 40-70대의 여성들이며, 이들은 지나친 서구화와 엽기적인 내용이 많은 현재의 일본 문화에 이질감을 갖고 있다. 그러나 문학적 내용을 중시하는 주류 문화세대나 평단에서는 한류스타를 앞세운 드라마보다는 작품성 있는 영화(<사마리아>, <박하사탕>, <바람난 가족> 등)들이 더 좋은 평가를 받고 있다.
대만	1. 한국 드라마에서 삼대가 오순도순 사는 모습이 대만인들 사이에 부러움을 불러일으킨다. 2. 초기에는 높은 가격대의 일본 드라마에 비해 가격 경쟁력이 있었다.	치솟는 드라마 수입 가격에 7월부터 수입관세를 적용하기로 했다. 대만의 G-TV의 경우 가격 상승을 견디다 못해 드라마에 직접 투자하기에 이르렀다(<풀하우스>).

국가	한류 성공 요인	기타
베트남	1. 가족 중심의 도덕적 내용을 담고 있는 한류는 돈의 노예가 되어 가족의 소중함을 잃어 가고 있는 현대인들에게 신선한 충격을 준다. 특히 가족과 함께하는 밥상(한국 드라마에는 유난히 집에서 가족과 식사하는 장면이 많이 등장한다)이 좋은 예이다. 2. 한국의 문화상품(드라마·영화)은 가족적이며 교육적이다. 3. 그러나 선정적이고 엽기적인 내용은 베트남에서 받아들이기 힘들다(<S다이어리> 참패의 케이스).	영화 <S 다이어리>의 실패는 상스럽다고 표현될 정도로 지나치게 대사가 과장되어 있고, 인물들의 결정과 행동 역시 너무 가볍게 그려져 있어 베트남에서는 도저히 받아들일 수 없는 내용이었다.
기타국가 태국	 1. 한국 문화의 감성 코드가 태국과 유사하다(48%), 미국이나 일본의 대중문화보다 폭력성이나 선정성의 수위가 낮다(27%), 한국 문화는 세련된 유행을 따르고 있다(25%). 2. 가족 모두가 좋아하는 삼각관계를 다루고 있어서 한국 드라마를 선호한다.	
미국	1. 주제 면에서 가족을 중시하고, 드라마 제작 수준이 높다. 2. 선정적이고 폭력적인 장면이 적다. 3. 다른 문화를 엿볼 기회를 가질 수 있다.	

D. 상기의 분석을 토대로 한류스타들의 스타 파워가 무엇에 기인하는지 알 수
있다. 수용 국가들은 가족의 소중함·순수한 사랑·자연스런 감정의
분출·교육적 내용 등의 동양적 정서와 윤리관 그리고 세련된
서구적 매너에서 비롯된 한류의 정신계에 감성을 맞추고 우호적인
시선을 보내고 있다.

E. 1950년대 서양의 사례를 들어보면, 시대적으로 흑인과 백인 문화 사이에서
갈등을 겪고 있던 미국, 그리고 상류계급과 노동계급의 갈등

속에 있던 영국에 트럭 운전사 출신의 노동계급이었던 엘비스 프레슬리가 흑인의 음악과 백인의 문화를 접목시킨 대중음악을 등장시킴으로써 그 시대 수용자들의 갈등과 욕구를 충족시키고 그들의 마음속에 깊게 뿌리를 내렸으며 젊은이들의 정신계에 아직까지도 영웅으로서 스타 파워를 보여 주고 있다. 또한 정부 차원의 전략 아래, 자유분방한 미국인의 모습(마릴린 먼로의 자유로운 이미지, 자유롭게 춤추고 노래하는 엘비스 프레슬리, 제2차 세계대전과 유럽에서 자유를 찾아온 이민자들을 주제로 한 영화 등)은 유럽에서 새로운 문화 이미지로 유행하며 자유의 바람을 일으켰고 마침내 '자유진영(Fortress of Liberty)'이라는 확실한 미국의 이미지와 정체성을 세계에 심어 주게 된다.

F. 반(反)한류, '寒流'는 어디에서 기인하는가? 다음은 수용 국가들의 신문과 잡지에 실린 반한류에 대한 기사 내용들을 분석한 것이다.

   a. 한류스타들의 행동거지에 관한 기사와 이들이 출연하는 드라마 및 영화의 수출 단가가 급상승하는 것에 대한 기사가 주류를 이루고 있다.

   b. 일본 스타와 한국 스타의 방문을 비교하며 문제가 많은 한국의 스타 매니지먼트 관행을 질타한다.

   c. 반한류의 직접적인 원인은 그들이 느끼는 한류의 진정한 내용적 가치에 대한 소홀함과 미성숙한 산업화에 기인하고 있다.

G. 한류는 수용자들에 의해 시작되었고, 뒤늦게 문화산업의 경제적 가치를 통감한 것이 우리의 실정이다. 그러므로 우리는 시장논리를 따지기 이전에 수용 국가들이 기대하는 한류의 내용에 관한 문화 연구를 하는 것이 필요하며, 그것을 우선순위로 충족시킬 때 그들의 정신계를 리드하고 나아가 아시아를 대표하는 문화국가로서 세기를 뛰어넘는 스타 파워뿐만 아니라 정치적 파워까지도 갖게

될 것이다. 본질적으로 문화는 정신계를 장악할 때 상상할 수
없는 파워와 경제적 가치를 생산하게 되는 것이며, 문화 상품은 그
정신계에서 기쁨을 얻으려고 대가를 지불하는 것임을 잊어서는 안
될 것이다.

H. 이제 한류의 성공과 더불어 한류의 지속에 대한 고민을 진지하게 해야 할
때이다. 한류의 성공의 중심에는 한류스타가 있다. 이들을 통해
한국의 문화와 이미지가 전달되는 것인데, 우리는 요즘 이들을
너무 상업적으로 변모시키려 노력하고 있다. 엘비스 프레슬리가
오래도록 사랑받는 이유는 그가 엄청난 경제적 부를 축적했기
때문이 아니다. 관객의 정신을 사로잡을 정도의 훌륭한 음악과
무대 매너 등 수용자가 바라는 모든 것을 충족시켜 주기 위해
전력투구했기 때문이다. 한류스타들 역시 한류 수용국의 관객들이
바라는 이상향을 꾸준히 제공할 때 그 생명력과 세기를 뛰어넘는
스타 파워를 유지할 수 있다. 그러기 위해서는 우리의 주체성을
잃지 않는 범주 안에서 끊임없이 수용 국가들에 대한 연구를 통해
양질의 콘텐츠를 제공하여 그들의 정신계에 기쁨을 주고 그들의
마음을 사로잡아야 한다. 그렇게 했을 때 경제적 효과와 더불어
한류스타는 진정한 아시아의 스타로 거듭날 수 있으며, 우리는
아시아와 서구 사회 속에 한국과 한국의 정신을 심고 정치적
파워를 갖게 될 것이다.

인명색인

용어색인